软权力
与欧盟扩大研究

屈潇影　著

A STUDY ON SOFT POWER
AND THE ENLARGEMENT OF THE EU

社会科学文献出版社
SOCIAL SCIENCES ACADEMIC PRESS (CHINA)

此专著为贵州省哲学社会科学规划一般课题
"软权力与欧盟扩大研究"（14GZYB32）的结项成果

摘　要

　　20 世纪 80 年代末，美国哈佛大学约瑟夫·奈教授提出了软权力理论。该理论于 1990 年开始陆续发表，其基本观点认为除了传统的军事、经济等硬权力资源之外，在美国的权力构成中，还存在文化、制度和政策等所谓的软权力资源优势，依靠这些权力资源采用以吸引为主要手段的方式，美国同样可以实现预期的政策目标。在这一理论的启迪下，学术界产生了许多探讨软权力的文献，与此同时由于该理论的不完善性也引发了诸多争论。

　　笔者注意到，尽管约瑟夫·奈教授在很长时期内，因宣扬文化是软权力的重要资源而吸引了众多文化研究者的热捧，但是他所津津乐道的大众文化，是否能够改变其他国家的对外政策从而做出符合美国意愿的选择，实际上并没有以实证研究的方式进行解答。约瑟夫·奈教授提出的软权力概念源于对传统权力理论的反思，作者承认权力资源不是固定不变的，权力资源是由权力关系存在的背景决定的，软权力也不例外。按照这种逻辑推论，软权力的资源并不一定是所谓的文化、制度与政策而一成不变，因为软权力关系存在的背景并不一定与这些无形资源的需求所吻合。

　　虽然约瑟夫·奈教授的某些观点缺乏实证研究的支撑，但是笔者依然认为现实的国际政治确实存在软权力理论可以解释的重要事实。欧盟在历史上的几次和平扩大就证明了欧盟拥有软权力，它具有改变他国原有立场和政策的能力，并吸引相关国家自愿加入该组织。由于各申请国的历史与现实状况不同，各个申请国家加入欧盟的动机与目标就不能一概而论。这就意味着，在欧盟软权力行为已经完成的情况下，对欧盟软权力资源的确定必须依据欧盟对不同申请国产生吸引的具体史实去判定，而不能由研究者的个人愿望来决定。因此，应用软权力理论，对欧盟在不同扩大时期的软权力资源做出对比分析，揭示欧盟扩大的源泉和动力，成为本书研究的主要内容。

笔者在借鉴前人软权力理论研究的基础上，建立了研究欧盟扩大的软权力分析框架。通过研究、对比欧盟历次扩大的史实，笔者发现：欧盟的软权力资源既有非物质的、无形的成分，也有物质的、有形的内容；在不同的扩大进程中有时无形资源的吸引力明显一些，有时有形资源的吸引力明显一些，有时则呈现出这两种不同形态资源的吸引力同等重要的情况。约瑟夫·奈教授软权力理论的主要缺陷在于缺乏实证研究的支撑。笔者通过实证研究解答了约瑟夫·奈教授在2006年《再思考：软权力》一文中，对欧盟软权力资源的解释困惑。笔者的研究也表明，从行为结果的角度讲，欧盟扩大的软权力是一种吸纳性的权力；从行为性质的角度讲，欧盟软权力是一种以吸引为其扩大的外在动力，从而实现欧洲国家在更大范围内共享资源的合作型权力。

关键词：软权力　欧盟　欧盟扩大

Abstract

In the late time of 1980s, Professor Joseph S. Nye, Jr. from Harvard University proposed the theory of soft power. The theory, which published continually since 1990, holds the view that the US has power resources not only in its economic and military fields, but also in its culture, institutions and policies. Relying on these advantages of its culture, institutions and policies, the US can also achieve its desired objectives by attracting others. The theory caused lots of promised papers. However, some debates still exist.

Although the function of popular culture, regarded as the crucial resource of soft power by Professor Joseph S. Nye, attracts so many fans, none of them could provide sufficient evidences to prove its ability to alter one state's policies as the US expects. According to the traditional power theory, power resources are largely determined by the background of power relationship, and soft power is no exception. As a result, the soft power resources turn out not to be definitely culture, institutions and policies for all the time.

Lack of an empirical research in Professor Nye's articles and books, nevertheless there are still significant facts existing in world politics to prove the theory of soft power. The enlargement of the EU showed its soft power resources have played a role in attracting applicant countries to join voluntarily in. Some researchers in this field pointed out that motives and objectives of every applicant country, who applying for the EU membership, are not the same for each of them has different histories and realities. This means that soft power resources must be detected in the specific processes of the EU's enlargement which abstract the different applicant countries. Therefore, after the behavior of the EU's soft power has been finished, the main task of this paper is to reveal the momentum of the EU's expansion by analyzing the soft power resources of the EU during the different periods of its enlargement.

On the base of others' study of soft power, this paper established a framework of the EU's enlargement to analyze its' soft power resources. After examining the EU's enlargement history, this paper found that the EU has not only the intangible power resources but also the tangible ones. Chinese scholars used to interpret them as non-material and material power resources. The non-material and material resources play the different roles during the different events of the EU's enlargement. Sometimes, both of them are equally important. On the basis of my empirical study, this paper improved the explanation on the EU's soft power resources given by Joseph S. Nye. From a perspective of behavioral outcomes, the EU's soft power for enlargement is co-optive. From a perspective of the nature of behavior, the EU's soft power, which enables European countries to share resources in a wider range, is cooperative through attraction of others as its external driving force to expand.

Keywords: Soft Power; the EU; Enlargement of the EU

目　录

第一章　引言

第一节　选题的学术背景

为了应对当时掀起的美国衰落论，美国哈佛大学政治学教授约瑟夫·奈（Joseph S. Nye, Jr.）① 于 20 世纪 90 年代初发表了软权力（soft power）② 这一新的概念，之后在 20 多年的时间里约瑟夫·奈教授不断发表相关文章和出版相关著述努力将这一概念发展成为一套新的权力理论。该理论的基本观点是除了传统的军事、经济等硬权力资源外，在美国的权力构成中，还存在文化、制度和政策等所谓的软权力资源优势，依靠这些优势，采取说服、吸引、吸纳（co-opt）③ 等非强制性的权力运用手段，同样可以实现美国预期的政策目标。④ 在这

①　国内大多数文献将其翻译为"约瑟夫·奈"，也有少数文献将其翻译为"小约瑟夫·S.奈"的，为了与国内大多数译法保持一致，本书选取"约瑟夫·奈"的译法。

②　国内对此术语的翻译主要有"软国力"、"软实力"、"软力量"和"软权力"等，本书使用"软权力"的译法，并在相关章节中集中讨论各种译法的优劣。对于其他作者的不同译法，本书在做直接引用时尽量标注双引号，在间接引用时一般进行"软权力"译法的统一替换。

③　不少学者将"co-opt"译为"同化"，本书译为"吸纳"，详情请参见本书最后一章的有关解释。

④　尽管约瑟夫·奈教授关于软权力理论的某些看法在 2006 年以后发生了一些变化，但是作者为美国政府出谋划策的目的在其大量的中外版本文献中均有体现，例如：Joseph S. Nye, Jr., "The Changing Nature of World Power", *Political Science Quarterly*, （转下页注）

一理论学说的影响下，学术界产生了越来越多的探讨软权力的著述，与此同时，该理论的不完善性也引发了至今仍在持续的批评和争辩。国际政治理论的生命力，主要取决于该理论能否解释重大的国际政治事实，以及解释的深刻程度如何。自 1990 年约瑟夫·奈教授首次提出软权力概念至今，20 多年已经过去。但是对于约瑟夫·奈教授在很长时期内所宣扬的西方文化，尤其是大众文化（popular culture）①的影响，例如，（一部）美国电影、（一首）美国乐曲，是否能够改变其他国家的对外立场从而做出符合美国政府外交意愿的决策和行为，这是让人质疑的。软权力理论是相对于传统权力理论——硬权力理论提出的，而硬权力——这种以命令或威胁的方式以达到政治目的的权力在国际政治的历史和现实中，可以找到很多供检验的事实证据。那么，笔者有理由追问，现实的国际政治存在检验软权力理论科学性的事实吗？其实，欧盟（the EU）②在历史上的几次和平扩大就证明了欧盟不

（接上页注④）Vol. 105，No. 2，1990，pp. 177 - 192；Joseph S. Nye, Jr.，"Soft Power"，*Foreign Policy*，No. 80，Twentieth Anniversary，1990，pp. 153 - 171；Joseph S. Nye, Jr.，*Soft Power：The Means to Success in World Politics*，New York：Public Affairs，2004；Joseph S. Nye, Jr.，"Security and Smart Power"，*American Behavioral Scientist*，Vol. 51，No. 9，2008，pp. 1351 - 1356；Joseph S. Nye, Jr.，"Think Again：Soft Power"，http://www. for-eignpolicy. com/articles/2006/02/22/think_again_soft_power? print = yes&hidecom-ments = yes&page = full，last accessed on 31 August 2010；〔美〕约瑟夫·奈：《软力量：世界政坛成功之道》，吴晓辉、钱程译，东方出版社 2005 年版；〔美〕约瑟夫·奈：《硬权力与软权力》，门洪华译，北京大学出版社 2005 年版；〔美〕约瑟夫·奈：《中国软实力的兴起及其对美国的影响》，赵明昊译、王缉思修订，《世界经济与政治》2009 年第 6 期，第 6 ~ 12 页。

① "popular culture" 国内文献多译为 "流行文化"，如〔美〕约瑟夫·奈：《软力量：世界政坛成功之道》，吴晓辉、钱程译，东方出版社 2005 年版，第 46 页。本书根据约瑟夫·奈教授关于 "popular and higher culture" 的论述，再根据高雅文化未必就不流行和流行文化未必就属于通俗范畴的事实，将 "popular culture" 与 "higher culture" 分别译为 "大众文化" 与 "高雅文化"。详情请参见 Joseph S. Nye, Jr.，"Culture as a Source of Soft Power"，*Soft Power：The Means to Success in World Politics*，New York：Public Affairs，2004，pp. 44 - 55。

② 本书中的 "欧盟"（the EU）是对 "欧洲联盟"（the European Union）的简称。

仅拥有软权力资源，而且这些资源在现实的国际政治中确实发挥了吸引其他欧洲国家加入的作用。简言之，欧盟扩大为检验和发展软权力理论提供了具有重要现实意义的国际政治素材。关于这一系列的扩大事件，约瑟夫·奈教授的文献曾有所提及，但他对这一重大事实的理论解释过于简单和肤浅①。

自20世纪50年代以来，欧洲一体化的步伐，从欧洲煤钢共同体走到了今日的欧盟。与各种常见的组织松散、功能软弱的国际组织相比，欧盟的产生、运作、发展和扩大等不同阶段都体现出非常明显的软权力行为特征——尽量避免成员国之间使用相互威胁与对抗的硬权力方式，主要依靠合作、吸引、吸纳等非强制性的软权力方式，逐步获得发展并不断取得阶段性的成功。欧盟主要依靠非强制性手段取得成功的事实，使得包括约瑟夫·奈教授在内的中外学者都认为，美国比欧盟有更多的硬权力（行为）②，欧盟比美国有更多的软权力（行为）。③ 研究欧盟的专家指出，欧

① 约瑟夫·奈教授对欧盟软权力的解释集中体现在这本书里：Joseph S. Nye, Jr., *Soft Power: The Means to Success in World Politics*, New York: Public Affairs, 2004, pp. 75 - 83。中译本〔美〕约瑟夫·奈：《软力量：世界政坛成功之道》，吴晓辉、钱程译，东方出版社2005年版，第83~90页。

② 根据约瑟夫·奈教授的界定，一个完整的软权力概念既包括软权力资源也包括软权力行为，根据作者的描述，美国软权力资源的丰富程度在当今世界政坛上可以说是无出其右的，作者所经常批评的只是美国的软权力行为实在不如欧盟的多边合作行为丰富而已，但是作者在文献中进行权力资源与权力行为概念转化的时候通常只是简单地使用"soft power"一词，为了让读者理解得更清楚，笔者在括号内添注了"行为"一词。详情请参见 Joseph S. Nye, Jr., *Soft Power: The Means to Success in World Politics*, New York: Public Affairs, 2004。

③ 此论断最直接的根据，可参见"Europe Counts Too Much on Soft Power and the United States Too Much on Hard Power"一节，详见 Joseph S. Nye, Jr., "Think Again: Soft Power", http://www.foreignpolicy.com/articles/2006/02/22/think_again_soft_power? print = yes&hidecomments = yes&page = full, last accessed on 31 August 2010; 也可参见以下中外文文献 Joseph S. Nye, Jr., *Soft Power: The Means to Success in World Politics*, New York: Public Affairs, 2004, pp. 75 - 83; Thomas L. Ilgen ed., *Hard Power, Soft Power and the Future of Transatlantic Relations*, MPG Books Ltd., 2006, pp. 26 - 35; 国内作者的意见，参见秦亚青主编《观念、制度与政策——欧盟软权力研究》，世界知识出版社2008年版；伍贻康：《欧盟软力量探析——欧盟治理模式的效应评价》，《世界经济与政治》2008年第7期，第24~31页。

洲一体化的实践不仅催生和验证了各种一体化的理论，也一直丰富和检验着主流的国际关系理论。① 软权力概念从首次提出至今已经超过25年，现代国际关系理论的发展也历来以西方学者的研究为主导。但是软权力学说存在至今一直伴随着一种奇特的学术现象，就是尽管它尚未在西方主流国际关系理论中占据重要地位，但是中国（或与中国关系密切）的许多学者甚至中央决策层都曾经或正在密切地关注这一理论②。这反映出中国学者对外来的软权力理论得到更充分的应用、更好地服务于中国的现实寄予了厚望，其中不少研究和决策对软权力理论与中国和平复兴道路——"中国梦"之间可能存在的启示和联系进行了探讨。因此，笔者认为深化关于软权力理论的研究，修正和弥补其固有缺陷，将有助于消除分歧，进一步提高该理论的解释力和决策的科学性。而深化理论研究，不能局限于从书本中创造新的理论，而应该将理论应用到重大现实问题的分析之中去修正理论，这样才可以检验和发展理论。

欧盟具备诸多软权力资源和行为特征，为了从整体上研究欧盟的软权力，需要客观评估在战后欧洲一体化的进程中，软权力因素到底发挥了什么样的作用。对欧洲一体化进程中软权力资源的地位和作用进行系统分析，就能够了解欧盟的软权力资源在欧洲一体化过程中所

---

① 〔英〕维纳、〔德〕迪兹主编《欧洲一体化理论》，朱立群等译，世界知识出版社 2008年版，译者前言，第 23 页。

② 根据宋黎磊、陈志敏等学者统计，从 1992 年 1 月至 2011 年 1 月，发表在中国核心期刊上对这一概念进行研讨的国际政治类文章共 590 篇。参见宋黎磊、陈志敏《中欧对软实力概念的不同认知及对双边关系的影响》，《欧洲研究》2011 年第 2 期；胡锦涛：《高举中国特色社会主义伟大旗帜为夺取全面建设小康社会新胜利而奋斗——在中国共产党第十七次全国代表大会上的报告》，人民出版社 2007 年版，第 33 页；深入学习实践科学发展观编委会：《科学发展观学习读本》，人民出版社 2009 年版，第 148 页；胡锦涛：《在庆祝中国共产党成立 90 周年大会上的讲话》，人民出版社 2011 年版，第 24 页；丁学良：《中国的软实力和周边国家》，东方出版社 2014 年版。

发挥的实际功能，也就能检验一系列困扰软权力理论发展的种种假设，进而也有可能推进软权力理论研究向主流国际关系理论研究迈进的步伐。而欧盟的几次扩大是欧洲一体化的集中体现和阶段性成果，它清楚地反映了软权力理论需要深入研究的国家之间权力吸引与吸纳的关系和过程。同时，由于从软权力的角度研究欧盟扩大是学术界的一项新的难题，这对于拓展欧洲一体化研究的视野也是一次有意义的尝试。将软权力理论应用于对欧洲一体化历史进程的分析，有利于丰富和积累欧洲一体化研究和软权力研究的新认知。研究欧盟扩大的软权力，也可以为落实中国和平发展战略，推进"中国梦"建设进程，以及中国建设和谐社会等国家战略提供理论参考。

简言之，对软权力理论及欧盟扩大两者深入研究的双重需要，构成了本书选题的来源和动力。

第二节 研究新意与方法

1 研究新意

1.1 主要依据原版的软权力理论展开分析，以实证研究发展理论

由于国内的软权力理论资料与国外原版文献存在若干翻译偏差，因此本书以原始外文资料为主要分析依据，即以约瑟夫·奈教授本人的系列著述为理论知识分析与归纳的主要依据，其他作者对其理论的分析与评价仅作为参考。约瑟夫·奈教授对欧盟扩大的解释缺乏实证依据，因此本书以严谨的实证研究重新解释软权力与欧盟扩大的关系。

1.2 以严密的推理加强全书的逻辑论证

由于欧盟研究的复杂性，本书要以严密的推理加强全书的逻辑论

证，避免前人研究相互矛盾的推理误区。因此，本书的研究新意体现在避免对欧盟扩大的历史进行低水平重复，而是尝试提出一套相对严谨的理论分析框架，并谨慎使用学术界关于申请国与欧盟扩大过程的研究资料，将欧盟软权力的分析置于欧盟在不同扩大时期的具体环境中，这样就可以避免对欧盟软权力资源空发议论，也便于获得对欧盟软权力资源在不同背景下发挥作用的新认识。

1.3 加大对欧盟扩大外文资料参考的比重

国内关于欧盟的研究，除了对欧盟自身的机构、制度与政策论述较多之外，对欧洲大国政治、外交关系的研究也较多，但缺少对欧洲中小国家发展情况的完整介绍与跟踪研究。因此，本书尽可能多地参考欧美学者关于欧盟扩大的文献资料，以突出欧洲问题研究的真实性与完整性。

2 研究方法

根据研究的实际需要，本书的研究方法将包括但不局限于以下几点。

2.1 理论研究与事实分析相结合的方法

脱离实际问题分析的理论研究，不可能为社会科学的突破与发展做出实际贡献。笔者重点探索的理论问题包括：怎样科学界定软权力概念？如何确定软权力资源的判定标准？笔者将从有所争议的约瑟夫·奈教授的软权力概念入手，以欧盟四次扩大的资料为依据，将抽象的软权力理论研究放在对欧洲一体化史实的分析上，努力做到理论研究与事实分析的有机结合。根据由此操作过程得出的结论，来解答困扰软权力理论发展的相关问题。

2.2 历史纵向比较的分析方法

与软权力理论相关的现实问题是，欧盟的软权力资源到底是什么，它如何在欧洲扩大的过程中发挥吸引、吸纳他国加入的作用，不同时期欧盟扩大的共性与差异在哪里。为了解决这些难题，笔者决定采用历史纵向比较的研究方法，对比欧盟在历史上的四次扩大，探索欧盟在不同时期吸引周边国家的源泉所在，以及这些资源因为申请国的需求不同而发挥作用的差异。

2.3 政策分析与实际表现相结合的分析方法

本书并非面面俱到地去罗列可能涉及欧盟软权力吸引的各个方面，而是将重点放在了软权力资源的吸引与欧盟扩大的关系研究上。实际上，不仅仅"欧盟在实践过程中表现的偏好与其在官方言论中表达的偏好并不是完全一致的"①，其实每个国家都存在这样的问题。如果仅仅依据各个申请国加入欧盟的理想与宣传口号，可能无法完全揭示其加入欧盟的真正动机。为了考察众多的申请国不惜牺牲一部分国家主权和许多实际利益，还要积极加入欧盟的真正动机，笔者的分析除了涉及各个申请国加入欧盟的宣传和理想之外，还要结合各个申请国的实际表现，力求做到实事求是、客观真实。

第三节 相关说明

1 关于软权力概念的首创者争议

约瑟夫·奈教授一直强调自己是软权力（soft power）这一概念的研发（coin，develop）者，当约瑟夫·奈教授在 2003 年回首这一"初创"往事时，距离这一术语的创造已有十多年之久（原文分别为"I had coined the term 'soft power' a decade or so earlier.""I first developed the concept of 'soft power' in *Bound to Lead*, a book I published in 1990

---

① 迈克尔·艾默生、马里厄斯·瓦尔等：《可比较的因素及综合论述》，转引自〔比〕布鲁诺·考彼尔特斯、宋新宁主编《欧洲化与冲突解决：关于欧洲边缘地带的个案研究》，宋晓堃译，法律出版社 2006 年版，第 230 页。

that disputed the then-prevalent view that America was in decline.")。① 今天的大多数学者对这一说法表示接受，认为"软实力概念最先由美国哈佛大学政治学教授约瑟夫·奈提出"② 的学者，不在少数。但是也有一些学者相继提出了不同看法，将这一概念的诞生或萌芽时间大大推进在约瑟夫·奈教授之前。刘德斌教授认为，早在 20 世纪 60 年代初，政治学家的前辈已经讨论了关于"权力的两张面孔"问题和权力的"同化"（co-optive）属性等问题。③ 郑永年教授等认为，"第一个提出并系统地讨论软力量但没有使用这个概念的是意大利新马克思主义学者安东尼·葛兰西"，约瑟夫·奈教授仅将葛兰西"软力量"的概念从国内的作用探讨扩展到了国际政治层面，但是对于"软力量"效用的探讨仍旧停留在葛兰西已经论证过的在霸权地位的意识形态与文化的作用上。④ 葛兰西指出，资产阶级不仅依赖公开的暴力进行统治，而且也依赖社会意识，他特别强调理性和文化对构成社会霸权的基础作用。葛兰西的文化理论和政治哲学思想成为新葛兰西主义的理论来源之一，新葛兰西主义还将葛兰西的霸权概念引入了国际政治经济学和国际关系研究，并发展出一套新的理论。⑤ 所有的科学研究都建立在前人探索的基础上，约瑟夫·奈教授的研究不可能脱离学术界既有的成果而凭空创造，他的软权力理论肯定受到过前人研究的启发

---

① 详情请参见 Joseph S. Nye, Jr., "Preface", *Soft Power: The Means to Success in World Politics*, New York: Public Affairs, 2004, p. 9, p. 11。

② 〔乌兹别克斯坦〕古丽娜拉·卡利莫娃：《软实力战略在亚洲文明空间的运用》，徐晓天、尚月译，《现代国际关系》2009 年第 8 期，第 41 页。

③ 刘德斌：《"软权力"说的由来与发展》，《吉林大学社会科学学报》2004 年第 4 期，第 56 页。

④ 郑永年、张弛：《国际政治中的软力量以及对中国软力量的观察》，《世界经济与政治》2007 年第 7 期，第 7 页。

⑤ 李滨：《国际政治经济学的葛兰西学派》，《欧洲》2000 年第 1 期，第 20～30 页；王铁军：《新葛兰西主义对国际关系理论的创新》，《欧洲》2000 年第 1 期，第 14～19 页。

与影响。约瑟夫·奈教授也承认自己的软权力概念借鉴了皮特·巴克拉克（Peter Bachrach）和莫顿·巴拉兹（Morton Baratz）两位学者在 20 世纪 60 年代初的研究成果①。所以笔者不再考证约瑟夫·奈教授是否也借鉴了安东尼·葛兰西的思想，还是与安东尼·葛兰西的学说不谋而合，而是把这种重视权力无形资源的研究倾向，看作学术界对传统权力理论的反思与发展，并把约瑟夫·奈教授看作这一学术潮流的主要代表②。

在国际政治学界，约瑟夫·奈教授为正式提出软权力概念的第一人，并不断发表文章讨论这一概念从而为众多学者所关注，这是学术界的共识。关于这一点刘德斌教授、郑永年教授等人并不否认，承认约瑟夫·奈教授为最早明确提出"软力量"概念的国际政治学者③。由于本书的主要内容在国际政治的研究范畴之内，约瑟夫·奈教授正是这一学术潮流的主要代表者，所以本书对软权力理论的探讨，以约瑟夫·奈教授的软权力文献为研究重点。

2 关于欧盟扩大次数的计算问题

1973 年，欧共体进行了第一次扩大，吸纳英国、爱尔兰和丹麦三个国家加入。1981 年希腊加入欧共体，1986 年葡萄牙和西班牙加入欧共体。1995 年奥地利、芬兰和瑞典加入欧盟。2004 年，8 个中东欧国家爱沙尼亚、拉脱维亚、立陶宛、波兰、捷克共和国、斯洛伐克、匈牙

① Joseph S. Nye, Jr., "Notes", *Soft Power: The Means to Success in World Politics*, New York: Public Affairs, 2004, p. 150.

② 有学者认为，约瑟夫·奈的软权力思想是对传统权力思想的回归，但笔者认为传统权力观念尽管包含软权力的因素但主要还是强调硬权力的暴力特征，所以说约瑟夫·奈的软权力思想是在反思传统权力观念的基础上对传统权力思想的进一步发展。参见张小明《约瑟夫·奈的"软权力"思想分析》，《美国研究》2005 年第 1 期，第 27～28 页。

③ 刘德斌：《"软权力"说的由来与发展》，《吉林大学社会科学学报》2004 年第 4 期，第 55 页；郑永年、张弛：《国际政治中的软力量以及对中国软力量的观察》，《世界经济与政治》2007 年第 7 期，第 7 页。

利、斯洛文尼亚与两个地中海岛国马耳他、塞浦路斯加入欧盟。2007 年达到入盟条件的保加利亚和罗马尼亚加入欧盟。欧共体/欧盟扩大的这几个事件是众所周知的，但是笔者注意到，由于计算的时间标准不同，学界经常出现关于欧共体/欧盟扩大次数不统一的说法。如果以不同国家加入欧共体/欧盟的年份为标准来计算欧共体/欧盟扩大的次数，20 世纪 80 年代南欧三国的加入就被算为 1981 年希腊的加入与 1986 年西班牙、葡萄牙的加入共两次①，吸纳中东欧国家的入盟程序因分为 2004 年与 2007 年两批进行而被算为两次，这样计算下来 2004 年的欧盟东扩就被看作其历史上的"第五次扩大"②，欧盟在历史上从 1973 年到 2007 年的扩大就会被计算为"6 次扩大"③ 了。

为了便于从整体上把握欧盟扩大的特点，笔者只将欧盟在历史上的扩大计算为四次，而不是六次。这样简化处理的根据是，学术界已有按照研究对象的属性将欧盟扩大归并的先例。例如，当时欧共体将南欧三国希腊、西班牙和葡萄牙的加入，不因时间的先后而从性质上统一视为第二次扩大④。另外，欧盟研究中存在将 2004 年与 2007 年的扩大合并为"10 + 2 扩大"来分析的先例⑤。

经过这样处理之后，在本书中，第一次扩大是指 20 世纪 70 年代的扩大，即 1973 年欧共体吸纳英国、爱尔兰和丹麦三个国家的加入；第二次

---

① Allan F. Tatham, *Enlargement of the European Union*, Alphen: Kluwer Law International, 2009, p. 44.

② 郑秉文主编《欧洲发展报告 No. 7 (2002 – 2003)》，社会科学文献出版社 2003 年版，第 2 页。

③ 《联合图强半世纪》，《人民日报》2007 年 3 月 23 日第 7 版。

④ 伍贻康、周建平、戴炳然、蒋三铭：《欧洲经济共同体》，人民出版社 1983 年版，第 65 页；吴弦：《欧洲经济圈：形成、发展与前景》，当代世界出版社 2001 年版，第 63 页。

⑤ Neill Nugent, "The EU and the 10 + 2 Enlargement Round: Opportunities and Challenges", *European Union Enlargement*, Edited by Neill Nugent, Basingstoke: Palgrave Macmillan, 2004, p. 2; 杨友孙：《欧盟东扩与制度互动：从一个入盟标准说起》，世界知识出版社 2008 年版，第 54 ~ 55 页。

扩大是指 20 世纪 80 年代的南扩，即 1981 年希腊加入欧共体和 1986 年葡萄牙和西班牙加入欧共体；第三次扩大是指 20 世纪 90 年代的北扩，即 1995 年奥地利、芬兰和瑞典加入欧盟；第四次扩大是指冷战后 21 世纪出现的东扩浪潮，包括 2004 年与 2007 年先后发生的东扩，即 8 个中东欧国家爱沙尼亚、拉脱维亚、立陶宛、波兰、捷克共和国、斯洛伐克、匈牙利、斯洛文尼亚和两个地中海岛国马耳他、塞浦路斯 10 国在 2004 年加入欧盟，再加上 2007 年保加利亚与罗马尼亚两个国家加入欧盟。

3 关于欧盟在不同历史时期的名称问题

战后欧洲一体化从西欧一体化起步，即从法国、西德、意大利、比利时、荷兰和卢森堡西欧六国开始，以 20 世纪 50 年代创建的欧洲煤钢联营为起点，先后发展成为欧洲经济共同体、欧洲共同体、欧盟。由于本书的叙述涉及半个世纪前的欧洲煤钢共同体和今日的欧盟，时间跨度的要求使得欧盟的名称不断变化为欧盟以及欧盟前身组织的几个不同称谓。对此，笔者采用学术界通用的处理此类问题的做法，总体而言就称为欧盟（或欧盟的扩大），只是在具体的历史时期使用当时欧盟前身组织的称谓，如第一次扩大和第二次扩大，申请国加入的是欧共体，就用欧共体的名称，只有在欧共体与欧盟称谓联系紧密的特殊情况下，才以"欧共体/欧盟"的形式将两者的称谓并列使用。

第四节　结构安排

本书的内容分为八个章节。

第一章，引言。主要交代本书选题的学术背景、概述国内外关于欧盟软权力研究的进展与不足，指明本书的研究意义、方法与结构安排。特别解释了关于软权力概念首次提出的人选争议、关于欧盟扩大次数的计算标准、欧盟因发展而导致的称谓变化等问题。

第二章，文献回顾与评析。笔者以如何深化欧盟软权力研究为问题线索，重点回顾和评述了 2008 年以后软权力理论研究和欧盟扩大研究的相关文献，既肯定了国内软权力研究在规范性和系统性方面取得的进步，又指出了目前欧盟软权力研究进展缓慢的原因所在，在以上分析的基础上，提出了进一步深化欧盟扩大软权力研究的切入路径。

第三章，把握软权力理论实质。本章详细梳理了约瑟夫·奈教授自 1990 年以来软权力理论的发展脉络，对于作者在 2006 年之后关于软权力理论的修正与补充，给予了足够重视。在借鉴前人丰富研究成果的基础上，笔者参考了界定社会科学理论的相关标准，最后提出了相对严谨的软权力概念及判定依据。为了进一步完善软权力理论，针对关于软权力概念的一系列争论，笔者以约瑟夫·奈教授软权力研究的英文原作为主要根据，对目前国内学术界争议较多的几个问题——软权力概念翻译以及软权力资源界定和"文化软实力"的含义，分别提出了自己的看法。

第四章，欧盟软权力研究的分析框架。在这一章里，笔者解释了为什么软权力理论与欧盟，特别是与欧盟扩大具有高度相关性。为了突出研究重点，本章将欧盟软权力的研究限制在了对欧盟扩大的分析上，并根据软权力理论，提出了从已发生的软权力行为结果和软权力受动者来研究软权力资源的研究设计，最后将抽象的软权力资源吸引问题转化为便于观察、验证和研究操作的国家对国家利益的追求问题，从而建立了分析欧盟扩大软权力资源的框架。

第五章，欧盟第一、第三次扩大的软权力案例。本章依据英国以及欧洲自由联盟（在本书中简称欧自联）国家陆续加入欧共体的资料，证明与欧共体成员国政治制度相同的一部分欧洲国家自愿选择加入欧共体，主要不是为了巩固和强化自己国家的民主制度，而是为了实现国家经济利益的最大化。

第六章，欧盟第二次扩大的软权力案例。本章依据希腊、西班牙、葡萄牙等国申请加入欧共体的资料，证明推翻国内独裁政权、重新恢复民主政体的这一类欧洲国家，自愿选择申请加入欧共体，是为了在改善国家经济状况的同时巩固恢复不久的民主制度。

第七章，欧盟第四次扩大的软权力案例。在这一章里，笔者依据中东欧国家自愿申请加入欧盟的相关资料，证明结束国内原有政治和经济体制，建立西方民主政体和市场经济体制的这一类欧洲国家自愿选择加入欧盟，既是为了在经济领域迅速追赶西方发达国家的水平，也是为了进一步从国家制度层面上巩固建立不久的西方民主制度。

第八章，研究结论与启示。通过对比、总结欧盟对三种不同类型入盟国家发挥吸引力的软权力资源的异同，笔者发现，以经济利益为代表的物质性资源的吸引是欧盟扩大软权力发挥作用的基础因素，而欧盟民主制度的吸引只对缺乏民主的欧洲国家起作用，对民主制度运作良好的一部分欧洲国家要么吸引力很弱，要么则起不到软权力的吸引作用。将物质性资源纳入软权力研究，区分不同类型资源吸引的学术意义，即软权力资源到底是物质吸引还是非物质吸引，要具体问题具体分析，这说明约瑟夫·奈教授所说的权力背景决定权力资源的观点是需要实证研究为支撑的。

第二章　文献回顾与评析

第一节　软权力理论研究文献评析

从本项目设计之初就力图将理论研究与现实分析有机结合起来。在本书中，笔者将欧盟的扩大解释为是其依赖软权力的影响而实现了和平扩大。那么，关于欧盟软权力研究的文献，就必然涉及对软权力理论的应用和对欧盟自身的分析两个方面。但是经过搜集、整理相关文献后，笔者发现，目前学术界软权力研究基本集中在理论研究领域，而关于欧盟问题的分析基本集中在现实问题研究领域，而缺少将这两大领域的知识结合起来的文献资料。为了更透彻地从理论上解释欧盟在历次扩大中的吸引与吸纳行为，笔者既重视对欧盟扩大的史实研究，也重视约瑟夫·奈教授软权力理论的应用价值和具体操作。因此笔者以如何深化欧盟软权力研究为本章的问题线索，对相关文献展开回顾与评论，首先从梳理软权力理论研究的现状开始。

1　软权力研究的国内概况

自 20 世纪 90 年代初开始，美国哈佛大学的约瑟夫·奈教授提出并持续论述软权力（soft power）理论[1]以来，吸引了越来越多的中外

---

[1]　约瑟夫·奈教授的软权力理论集中在以下中外文文献：Joseph S. Nye, Jr., "The Changing Nature of World Power", *Political Science Quarterly*, Vol. 105, No. 2, 1990, （转下页注）

学者探讨的兴趣。2008 年前后出现的不少文献对约瑟夫·奈教授的理论传入中国之后至 2008 年的软权力研究进行了详细的并带有强烈反思色彩的总结和评述①，因此笔者对相关文献梳理的重点放在 2008 年以来的分析上。

众所周知，现代国际关系理论的发展历来以西方学者的研究为主导。尽管软权力理论是由美国哈佛大学教授约瑟夫·奈首先提出的，并以持续论述的方式向外界推广，然而该学说在很长时期之内，被看作国际关系研究的边缘理论。从美国政治学和国际关系的核心期刊可以看出，约瑟夫·奈教授的软权力理论并未得到西方学者的广泛讨论和认同。②除了约瑟夫·奈教授本人外，其他西方知名学者还很少专门撰文从理论上对软权力进行深入探讨。③试举一例，可以说明这种情况。被誉为"著名学者""曾任赖尔森大学教授"的马修·弗雷泽先

（接上页注①） pp. 177–192；Joseph S. Nye, Jr., "Soft Power", *Foreign Policy*, No. 80, Twentieth Anniversary, 1990, pp. 153–171；Joseph S. Nye, Jr., *Soft Power: The Means to Success in World Politics*, New York: Public Affairs, 2004；Joseph S. Nye, Jr., "Think Again: Soft Power", http://www.foreignpolicy.com/articles/2006/02/22/think_again_soft_power?print=yes&hidecomments=yes&page=full, last accessed on 31 August 2010；Joseph S. Nye, Jr., "Security and Smart Power", *American Behavioral Scientist*, Vol. 51, No. 9, 2008, pp. 1351–1356；〔美〕约瑟夫·奈：《软力量：世界政坛成功之道》，吴晓辉、钱程译，东方出版社 2005 年版；〔美〕约瑟夫·奈：《硬权力与软权力》，门洪华译，北京大学出版社 2005 年版；〔美〕约瑟夫·奈：《中国软实力的兴起及其对美国的影响》，《世界经济与政治》，赵明昊译、王缉思修订，2009 年第 6 期，第 6～12 页。〔美〕约瑟夫·奈：《权力大未来》，王吉美译，中信出版社 2012 年版。

① 刘德斌：《"软权力"说的由来与发展》，《吉林大学社会科学学报》2004 年第 4 期，第 55～62 页；刘庆、王利涛：《近年国内软力量理论研究综述》，《国际论坛》2007 年第 3 期，第 38～43 页；孟亮：《大国策：通向大国之路的软实力》，人民日报出版社 2008 年版，第 18～41 页；韩勃，江庆勇：《软实力：中国视角》，人民出版社 2009 年版，第 1～11 页。

② 周琪等：《约瑟夫·奈的软权力理论及其启示》，《世界经济与政治》2010 年第 4 期，第 82 页。

③ 刘德斌：《"软权力"说的由来与发展》，《吉林大学社会科学学报》2004 年第 4 期，第 58 页；龚铁鹰：《软权力的系统分析》，天津人民出版社 2008 年版，第 25 页。

生，据说是软权力学说的热情追随者，这位加拿大《国民邮报》的总编辑，对美国电影、流行音乐、电视和快餐统治全球的信念之坚决，或许还高于约瑟夫·奈教授本人，但是从他的"软实力"系列论述①中，笔者并没有发现一个西方"著名学者"对于软权力理论学术探索的应有兴趣和深度。

因此不少研究者认为，软权力研究与讨论风靡全球的现象②，主要是在发展中国家，可以说传播广泛、影响深远，实际上并未引起西方学术界的广泛关注与应用③。故不难理解的是，尽管奈的软权力概念提出已有近 30 年之久，但是面对各种批评和争议，无论是奈本人还是其他西方学者并没有做出多少精彩和有效的回应。究其原因，从根本上讲，主要是因为目前的软权力理论还处于发展阶段，远未达到成熟与完备的程度。换言之，笔者认为，软权力理论没有在西方学术界得到广泛关注与应用的原因，与该理论本身具有的明显缺陷有很大的关系。但是笔者不认可，软权力理论在中国影响深远，仅仅是学术界推崇与媒体炒作的结果④。因为笔者注意到，2008 年以后国内软权力研究在理论和方法上都取得了明显进步。这是国内学术界以严谨的学术态度对待理论研究而取得的成果，已经明显超越了约瑟夫·奈教授将软权力研究主要局限于政策导向的范畴。

如果以研究方法的明显改进为标准，国内的软权力研究以 2008 年

---

① 〔加〕马修·弗雷泽：《软实力：美国电影、流行乐、电视和快餐的全球统治》，刘满贵等译，新华出版社 2005 年版。

② 方长平：《中美软实力比较及其对中国的启示》，《世界经济与政治》2007 年第 7 期，第 21 页。

③ 郑永年、张弛：《国际政治中的软力量以及对中国软力量的观察》，《世界经济与政治》2007 年第 7 期，第 7 页。

④ 郑永年、张弛：《国际政治中的软力量以及对中国软力量的观察》，《世界经济与政治》2007 年第 7 期，第 7 页。

为界可分为两个阶段：1993[①]～2007 年为第一阶段；2008 年至今为第二阶段。根据相关文献，可以将第一阶段的研究概括为以下几个方面："soft power" 的汉译问题[②]；国别软权力研究是主流；文化途径与政治手段的关系曾经成为争论的热点[③]；在研究方法上普遍缺乏系统的理论分析框架，研究的结论大多建立在直觉推理或简单的描述分析之上，少量定量研究成果的科学性也有待提高[④]。

与国外软权力研究相对零散的状态相比，2008 年以后国内软权力研究的热情未减，研究对象更加多样化。除了常见的以国家为研究对象外，还有以超国家行为体——欧盟为研究对象的著述[⑤]，跨越国际问题研究范畴以国内区域、城市、企业和行业为研究对象的新著作继续涌现[⑥]。正是在这样热烈的探讨氛围中，在国际关系研究领域，2008 年以后国内软权力研究在理论与方法两个方面开始取得明显进步，其标志是较为系统的理论分析框架的创立和具有可操作性的实证研究成果的出现。

有资料证明，国内学者对于软权力理论系统性与规范性进步的期盼，确实比国外同行更为强烈。曾有学者感叹，"时至 2008 年年终，

---

① 1993 年王沪宁在《复旦大学学报》第 3 期发表了《作为国家实力的文化：软权力》一文，这被看作中国学者研究软权力的时间起点。详情请参见刘德斌《"软权力"说的由来与发展》，《吉林大学社会科学学报》2004 年第 4 期，第 60 页。

② 刘庆、王利涛：《近年国内软力量理论研究综述》，《国际论坛》2007 年第 3 期，第38～39 页。

③ 李智：《软实力的实现与中国对外传播战略——兼与阎学通先生商榷》，《现代国际关系》2008 年第 7 期，第 56 页。

④ 阎学通、徐进：《中美软实力比较》，《现代国际关系》2008 年第 1 期，第 25～26 页。

⑤ 秦亚青主编《观念、制度与政策——欧盟软权力研究》，世界知识出版社 2008 年版。

⑥ 马庆国、楼阳生等：《区域软实力的理论与实施》，中国社会科学出版社 2007 年版；韩勃、江庆勇：《软实力：中国视角》（此书的最后两章分别是对区域软实力和企业软实力的分析），人民出版社 2009 年版；喻国明、焦中栋：《中国传媒软实力发展报告》，同心出版社 2009 版；房石玉：《大国软实力：生产者服务业国际转移的理论与实证研究》，经济科学出版社 2008 年版。

还很少有国内学者将'软实力'作为一个专门的主题来进行理论探索，更多的人只是对这一概念偶发言论，不成体系"①。其实从 2008 年开始，国内学者将软权力理论体系化努力的成果正在形成，一系列反映中国学者系统研究软权力理论的专著开始出版。主要的代表性著作包括《观念、制度与政策——欧盟软权力研究》、《大国策：通向大国之路的软实力》、《软权力的系统分析》及《软实力：中国视角》等。这批论著从不同角度对约瑟夫·奈教授的软权力理论进行了补充和完善，有的还提出了与约瑟夫·奈教授观点相左但是能够自圆其说的新见解。

其中，《软实力：中国视角》一书，对约瑟夫·奈教授没有完全论述清楚的"软实力"与"硬实力"之间的关系进行了深入探讨，既看到了"硬实力"可以为"软实力"的发展创造条件并提升"软实力"，"软实力"资源是"硬实力"发展的前提等，也论述了软硬"实力"之间存在的独立性和矛盾性。②《大国策：通向大国之路的软实力》一书把军事、经济等物质性资源纳入了"软实力"资源的分析框架，从而对约瑟夫·奈教授前期著述中的"软实力"资源进行了扩展，并对"软实力"发挥作用的层次、方式、过程和制约因素等进行了充分论述。③《软权力的系统分析》一书，主要的创新在于把约瑟夫·奈教授笼统和含糊的软权力理论阐述进一步提炼、概括为制度性权力、认同性权力和同化性权力三个维度④，作者对这三种不同含义、特征与作用的软权力理论做出的区分，可以反映国内软权力理论研究

---

① 韩勃、江庆勇：《序言》，见韩勃、江庆勇：《软实力：中国视角》，人民出版社 2009 年版，第 3 页。

② 韩勃、江庆勇：《软实力：中国视角》，人民出版社 2009 年版。

③ 孟亮：《大国策：通向大国之路的软实力》，人民日报出版社 2008 年版。

④ 龚铁鹰：《软权力的系统分析》，天津人民出版社 2008 年版。

向系统化和规范化发展的趋势。

这几部专著虽然不可能就软权力理论涉及的所有观点都达成一致，但是初步实现了两个跨越，即从孤立、抽象地谈论软权力资源向软权力资源在何等条件下转变为软权力行为的跨越，从对软权力的零散议论开始向建立更有解释力的分析框架的跨越。而从研究方法上明显减少感性争论，将软权力研究推进到比较严谨的实证研究水平的有两个明显成果：《中美软实力比较》[①] 一文在定量分析方法上更加规范；《观念、制度与政策——欧盟软权力研究》一书代表了软权力在定性分析方法上的较大进步。

2 完善软权力理论的学术价值

软权力理论向规范化和系统化发展的意义在于，能够提高分析问题的能力，增强对现实问题的解释力，从而有助于提高战略决策的科学性。既然国内软权力研究的热情不减，在近几年又取得了一定的学术进步，这种经过修正与发展的软权力理论，其学术价值如何体现，笔者试举例说明。

有了理论上的突破或方法上的改进，才有可能进一步提高分析问题和解决问题的能力。以强调硬权力作用而著称的现实主义理论，对苏联和东欧社会主义遭受重大挫折这一政治事件，既没有事前做出预测，也没有在事后做出令人信服的解释。创立了软权力理论就可以对这个问题进行分析，并得到反映现实新变化的答案。但是软权力理论解释现实的能力也与该理论完善的程度有很大关系。即使采用软权力理论分析同一问题，由于约瑟夫·奈教授软权力理论的明显缺陷与不足，如果不加以辨析就直接引用，不同学者就可能做出有差别的解释，这种细微的歧见只有用比较系统化和规范化的软权力理论才能加以

[①] 阎学通、徐进：《中美软实力比较》，《现代国际关系》2008 年第 1 期，第 24 ~ 29 页。

化解。

例如，一种观点认为，"从历史上来看，东欧政治板块的崩溃，并非美国'硬实力'强大的原因，而是美国'软实力'起了主导作用"，美国利用好莱坞、麦当劳、可口可乐等载体，用美国的价值观和政治文化最终主导了对手的政治、经济和文化走向。① 另一种观点则认为，"究其原因，苏联主要并不是败在硬实力上，即军事、科技、经济等方面的竞争上，而主要是败在了软实力的竞争上，是国内的民族、制度、政策和意识形态等方面的问题导致了苏联的解体"②。

这两种解释使用的都是软权力理论，共同点都是说苏联失败在软权力的竞争上，细微的分歧仅在于软权力发挥作用的具体渠道上。两位学者都采用了软权力理论，但是依据约瑟夫·奈教授对于软权力阐述曾经出现的自相矛盾的观点，此处的分歧一时竟难分高下。因为约瑟夫·奈教授一方面批评外界将好莱坞、可口可乐等大众文化等同于他的软权力概念是对其理论的曲解和误用③，另一方面又把包括影带、音乐、卫星电视等在内的美国大众文化在其他国家传播的例子当作美国软权力发挥吸引作用的证据来使用④。

而根据国内学者对软权力理论研究做出的新发展，这个争议倒是不难解决。根据龚铁鹰博士的研究，约瑟夫·奈教授的软权力理论主要是指一种"同化性"的权力⑤，孟亮以吸引力大小与稳定程度为依

① 马庆国、楼阳生等：《区域软实力的理论与实施》，中国社会科学出版社 2007 年版，第 4 页。
② 韩勃、江庆勇：《软实力：中国视角》，人民出版社 2009 年版，第 18 页。
③ 〔美〕约瑟夫·奈：《中文版序言》，见〔美〕约瑟夫·奈《软力量：世界政坛成功之道》，吴晓辉、钱程译，东方出版社 2005 年版，第 2 页；〔美〕约瑟夫·奈《硬权力与软权力》，门洪华译，北京大学出版社 2005 年版，第 7 页。
④ 〔美〕约瑟夫·奈：《前言》，见〔美〕约瑟夫·奈《软力量：世界政坛成功之道》，吴晓辉、钱程译，东方出版社 2005 年版，第 2 页。
⑤ 龚铁鹰：《软权力的系统分析》，天津人民出版社 2008 年版，第 83 页。

据，将同化性权力的吸引范畴界定在中间层次。根据这种新发展的软权力层次分析理论，可知以器物技财类为代表的软权力资源一般只能产生边缘层的吸引效果，如果作为中间层软权力资源代表的制度规范等没有发挥吸引作用，边缘层权力的吸引在通常情况下，不可能直接达到观念精神等核心层软权力的吸引效果。[①] 好莱坞、麦当劳、可口可乐等显然属于器物技财类软权力资源，而且验证这类资源吸引效果的证据也不难找到。例如，美国大片、可口可乐、麦当劳等在中国的存在数量不见得比在苏东国家少，但是没有主导中国的政治和文化走向。

俄罗斯转型经济研究所所长，曾担任过俄罗斯联邦政府代总理、部长会议第一副主席、国家杜马议员等职务的盖达尔先生，通过解读1985～1991年关于苏联国内情况的档案，驳斥了在俄罗斯占据主流地位的说法——强大的苏联是被异族敌人所葬送，他认为苏联的政治与经济制度在本质上就是不稳定的，苏联的解体是国内各种问题与矛盾逐渐积累的必然结果，关于这一点他"比许多人了解得更为清楚"。是美国的价值观和政治文化主导了苏联的政治、经济和文化走向吗？他认为尽管在俄罗斯关于美国中央情报局恶魔般无所不能的观念广为流传，俄罗斯素来也有将自身的问题归结为外国阴谋诡计的传统，但是华盛顿对中央情报局主流的看法却是：中央情报局20世纪80年代末至90年代初在苏联以及其后的俄罗斯事态发展各方面都显示出了十足的浅薄无知。美国中央情报局由于未能发现苏联即将发生危机和崩溃的征兆，而被批评它的人看作最大的工作失误。[②]

根据这些发展了的软权力理论和相关实证材料对这些理论的支持，

---

① 孟亮：《大国策：通向大国之路的软实力》，人民日报出版社2008年版，第108～126页。

② 〔俄〕盖达尔：《帝国的消亡：当代俄罗斯的教训》，王尊贤译，社会科学文献出版社2008年版，第146～148页。

笔者倾向于认为关于苏东阵营失败原因的后一种解释更有说服力。

以上分析说明，经过修正与发展的软权力理论，解释现实的能力在不断增强。这也启示着后续研究：软权力理论有进一步发展的空间。

第二节　欧盟软权力研究文献评析

由于软权力理论的种种缺陷，以及理论研究与现实分析相结合存在一定难度，再加上欧盟研究本身的复杂与独特，目前学术界对欧盟软权力的研究存在两种倾向：第一种倾向是，尽管在软权力理论研究方面取得成就，但是没有很好地落实到对欧盟实际问题的分析上；第二种倾向是，对欧盟研究颇有建树但是上升到软权力理论解释的层面还有待加强。欧盟软权力研究总体的情况是，理论与事实研究相得益彰的著述非常欠缺。

国外的软权力研究，以约瑟夫·奈教授为代表，由于时事分析与政策主张往往充当研究的主体，对概念的精确与逻辑的严谨没有严格把关，这种学术氛围影响了国外欧盟软权力研究的进一步发展。国内的欧盟软权力研究，关注欧盟成员国软权力的研究相对较少，而研究欧盟整体力量与行为的文献较多。尽管研究欧盟的诸多专家在自己擅长的领域里颇有建树，但是总体而言对约瑟夫·奈教授软权力理论的研究和应用还需要做进一步的工作。

1　国外欧盟软权力研究概述

约瑟夫·奈教授提出软权力概念的初衷是分析美国的权力结构，体现美国在文化与制度等方面的权力优势。对于欧盟这样一个具有超国家性质的独特机构而言，如何将软权力理论应用于对其分析，是一项具有挑战性的研究任务。

约瑟夫·奈教授对于欧盟软权力的阐述有三个特点[①]：一是重在现实分析，多以欧美软权力在行为上的对比，来劝谏美国政府进行国际合作的重要性，理论的专门探索和建构并不是重点；二是对欧盟和欧洲国家的软权力没有做专门区分，而是相互混淆；三是作者所说的欧洲文化的概念并不是建构主义者所认同的"共有观念"的定义，作者对于欧洲文化软权力资源的分析，只局限在欧洲的艺术、文学、音乐、时装、美食和语言等方面。

从书名上看，《硬权力、软权力与跨大西洋关系的未来》（*Hard Power, Soft Power and the Future of Transatlantic Relations*）一书，好像包含了欧盟软权力研究的重要内容。其实，书中集中论述软权力的内容，只有约瑟夫·奈教授撰写的《软权力与欧美关系》一章而已，而且写作风格与基本观点，与作者讨论软权力的其他文献并无太大差异。在《软权力与欧美关系》一章里，约瑟夫·奈教授对欧洲软权力的分析篇幅很短，作者将更多的笔墨用来批评美国的专断行为，劝谏美国政府应该发现对外合作的重要性，要以合作而非专断的方式来解决大西洋两岸共同面临的威胁与挑战。[②] 另外，作者将欧洲国家的软权力与欧盟的软权力相互混淆的叙述方式，反映出约瑟夫·奈教授对欧盟的了解还存在一定的局限性。

尼尔·纽金特在其所著的《欧盟的治理与政治》一书中将欧盟的几次扩大看作西欧国家一体化的过程；在其编著的《欧盟扩大》一书中，对欧盟几轮扩大的解释仍然没有涉及国际关系理论的内容[③]。《欧

[①] Joseph S. Nye, Jr. , *Soft Power: The Means to Success in World Politics*, New York: Public Affairs, 2004, pp. 75 – 83.

[②] Thomas L. Ilgen ed. , *Hard Power, Soft Power and the Future of Transatlantic Relations*, MPG Books Ltd, 2006, pp. 26 – 35.

[③] Neill Nugent, *The Government and Politics of the European Union*, Basingstoke: The Macmillan Press Ltd, 1999; Neill Nugent, *European Union Enlargement*, Basingstoke: Palgrave Macmillan, 2004.

盟扩大：一个历史比较的观点》对于 1973～1995 年申请入盟的每个欧洲国家分别做了政策历史演进的分析，但是也没有涉及软权力理论的论证问题①。《欧盟扩大的政治：从理论的视角看》，涉及了历史唯物主义的分析以及扩大与深化的一体化理论，但没有提及与约瑟夫·奈教授相关的理论②。《构建东扩之路：欧盟身份对政策的不寻常影响》，涉及现实主义与建构主义关于欧盟扩大的理论争辩，并采用实证研究的方法验证了推动欧盟扩大过程中的非物质利益的实际影响，已经非常接近软权力所说的无形权力资源的吸引问题了，但是与欧洲其他学者的研究一样，此书并没有按照约瑟夫·奈教授的理论框架进行推演③。尽管国外学者对于欧洲国家和欧盟的研究更加精细、规范，所使用的支撑材料更为丰富，但是他们的学术兴趣主要是着眼于欧盟本身的历史与政策分析。

通常情况下，从事国际关系理论研究要比写政策评论文章成本更高、难度更大。这一点也许可以解释软权力研究理论分析少、策论文献多的原因。所以说，总体而言国外的欧盟软权力研究，重点是对欧盟本身的政策探讨。

2　国内欧盟软权力研究概况

国内的欧盟软权力研究，关注欧盟整体的力量与行为的文献要比关注欧盟成员国软权力的文献比重更大。一般而论，欧盟软权力研究既需要从宏观上整体把握，也需要在微观层面进行细化和补充。但欧盟并不是一个联邦国家，欧盟的力量并不是各成员国力量的简

① Wolfram Kaiser and JÜrgen Elvert, *European Union Enlargement: A Comparative History*, Abingdon: Routledge, 2004.
② Frank Schimmelfennig and Ulrich Sedelmeier, *The Politics of European Union Enlargement: Theoretical Approaches*, Abingdon: Routledge, 2005.
③ Allan F. Tatham, *Enlargement of the European Union*, Alphen: Kluwer Law International, 2009.

单加总，某成员国的对外政策未必能代表欧盟的对外政策。目前欧盟在共同外交与安全政策领域还处于政府间合作阶段，欧洲问题研究在学术界也往往特指对欧盟和对欧洲一体化相关的研究①。根据这两点，笔者认为欧盟成员国的对外政策与行为即使具有很明显的软权力特征，在大多数情况它们代表的仍旧是欧盟各成员国的政策和行为。从这个意义上讲，宏观层次的欧盟软权力研究更能代表欧盟实际的对外政策与行为，因此笔者的梳理和评述以宏观层次的欧盟软权力研究为重点。

宏观层次的欧盟软权力研究成果，比较有代表性的体现在两本书里，一本是《欧盟是怎样的力量——兼论欧洲一体化对世界多极化的影响》②，另一本是《观念、制度与政策——欧盟软权力研究》③。这两本书都是研究团队集体智慧的结晶，前者的研究团队代表了对欧盟的各种力量分门别类进行细致分析的研究，后者的研究团队代表了以欧盟的起源、运作和发展为案例进行理论分析的研究。

《欧盟是怎样的力量——兼论欧洲一体化对世界多极化的影响》一书，对构成欧盟权力基础的经济、军事、法制、观念和民事等力量进行了全面分析。在这本书中里可以看到，欧盟的权力资源既包括了有形的物质性资源，也涵盖了无形的非物质性的资源，正是这两大类不同性质资源的结合构成了欧盟发挥世界影响力的基础。但是该书避开了对约瑟夫·奈教授软权力理论的探讨，将研究重点放在了对欧盟权力资源的分析上。以这种研究模式探讨欧盟软权力的文献还有《欧

① 中国人民大学欧洲问题研究中心：《总序》，见刘文秀等《欧洲联盟政策及政策过程研究》，法律出版社 2002 年版，第 1 页。
② 周弘主编《欧盟是怎样的力量——兼论欧洲一体化对世界多极化的影响》，社会科学文献出版社 2008 年版。
③ 秦亚青主编《观念、制度与政策——欧盟软权力研究》，世界知识出版社 2008 年版。

洲认同研究》、《欧盟治理模式》和《欧盟软力量探析——欧盟治理模式的效应评价》等。《欧洲认同研究》一书，将多层面的欧洲认同问题置于欧洲历史的变迁、欧盟成员国的文化政策、欧盟建设的思想争论中以及定量分析的实证研究中，从这些角度分别进行了研究。① 《欧盟治理模式》一书，讨论了以欧盟制度和政策为资源的"软力量"对于欧盟发挥世界影响的作用和意义。② 《欧盟软力量探析——欧盟治理模式的效应评价》一文，将欧盟的"软力量"界定在其成功的区域共同治理模式对外部世界的辐射效应和示范效应上。③ 但是这些以欧盟研究为重点的著述，都没有对约瑟夫·奈教授的软权力理论进行深入探讨，其中最接近软权力理论探讨的也只是仅仅使用了"软力量"或"软实力"等词句，而把研究范围严格限制在了对欧洲认同观念、欧盟制度和对外政策等事实分析的层面。由于欧盟在更多的时候是通过非强制性的手段来动用这些资源实现其政策目标的④，从这层意义上讲，笔者将这些著述看作对欧盟软权力资源研究的文献。

绕开对软权力理论的探讨，可以避免关于软权力理论诸多争论的纠缠，而将研究精力集中在对欧盟实际情况的探讨上，这种研究设计有利于客观揭示欧盟的独特性，也有利于完整展现欧盟的复杂特征。但是避免与约瑟夫·奈教授软权力理论的直接对话，不利于欧盟软权

---

① 马胜利、邝杨主编《欧洲认同研究》，社会科学文献出版社 2008 年版。
② 周弘、〔德〕贝娅特·科勒·科赫主编《欧盟治理模式》，社会科学文献出版社 2008 年版。
③ 伍贻康：《欧盟软力量探析——欧盟治理模式的效应评价》，《世界经济与政治》2008 年第 7 期，第 24～31 页。
④ 例如，以欧盟在东扩过程中对中东欧国家要求创立和落实少数民族保护政策为例，有实证研究结果表明，在制度转移、制度内化和制度执行三个不同阶段，规范性制度驱动和政治性制度驱动运用最多，总体效果也比较突出，而法律性制度驱动手段运用最少。这里的规范性与政治性制度驱动代表"软驱动手段"，而法律性制度代表"硬驱动手段"。详情请参见杨友孙《欧盟东扩与制度互动：从一个入盟标准说起》，世界知识出版社 2008 年版，第 229～230 页，第 180 页。

力研究的进一步发展。

从理论与现实相结合的角度分析，绕开对软权力理论的探讨，不能构成完整的欧盟软权力研究。现代科学研究，无论是自然科学还是社会科学，如果没有理论的突破、发展和进步，其科研的进步和发展就会受到影响。但笔者并不盲目夸大理论的作用，认为应用软权力理论，也要努力解决好理论应用于现实所带来的一系列挑战。《软实力：中国视角》一书在软权力理论的研究上做出了一定贡献，但该书对欧盟软权力的分析，无论是作者所倡导的理论的系统化，还是理论本身应该具有的深度等，都没有充分体现出来。该书引用约瑟夫·奈教授的观点来谈论欧洲文化，或许是因为大众文化不能像建构主义所推崇的共有观念那样能够与社会制度和政府政策建立学术联系，所以类似这样的文化定义在秦亚青等人看来只是"一种非学术性的常识性定义"①；另外该书对欧洲价值观和欧盟内外政策的阐述也都比较简单②，理论深度有待提升。这个例子说明不仅理论的系统化需要研究者的艰辛努力，而且理论系统化的应用研究也是需要研究者继续攻克的一大难题。

应用理论是深化理论研究的途径。目前国内学术界对于软权力理论的操作性研究还处于摸索阶段。秦亚青等研究者发现，以观念、制度和政策等软权力资源为基础，以更多非强制性手段发挥世界影响的欧盟，对其软权力的综合分析在国内外学术界还是一个空白。因此，他们的研究方向指向了软权力理论与欧盟研究相结合的学术难题，力图实现用软权力理论对欧盟的综合分析，积累关于欧盟软权力的实际知识。该书以约瑟夫·奈教授的软权力理论为思考起点，在诸多关于

---

① 秦亚青主编《观念、制度与政策——欧盟软权力研究》，世界知识出版社 2008 年版，第 6 页（注释 2）。

② 韩勃、江庆勇：《软实力：中国视角》，人民出版社 2009 年版，第 154～160 页。

软权力理论的争议中提炼出关于软权力资源的"共识"① ——共有观念、国际制度和内外政策，并利用修正后的软权力概念和测量指标体系，分析了欧盟的软权力资源。从理论与现实研究相结合的角度看，此书是一本完整意义上的欧盟软权力研究专著。笔者将该书的创新概括为三方面：一是将约瑟夫·奈教授的软权力理论提炼成一个相对便于操作的分析框架，而实现理论的可操作化代表着理论研究的深化；二是将软权力的行使效果纳入分析框架，实现了向软权力行为分析的初步跨越；三是以比较规范的定性分析展现了实证研究在软权力研究领域中的应用价值，有利于纠正唯有定量分析才是实证研究的偏见。

一般而言，理论与现实相结合的研究路径比纯粹描述事实有着明显的学术分析优势。但是也要看到，引入软权力理论分析并不必然促进软权力研究质量的提高，除了理论本身的科学、严谨程度外，理论的操作水平也影响着研究的质量。理论分析是否能达到预期的效果，与分析框架的完备程度有很大关系。

《观念、制度与政策——欧盟软权力研究》一书，将欧盟的软权力资源界定在理念②、制度与政策三个层面，认为这三者构成了软权力定性衡量的可操作基础。作者指出这三种资源是相互联系的：理念是制度的基础，也是软权力资源的核心；制度是理念的载体；政策是理念和制度的实践和外化。为了评估欧盟软权力的实际效果，该书把欧盟软权力的三大资源分解为三个二级指标，即共采用了9个二级指标来分析欧盟的软权力资源。

---

① "观念、制度与政策"作为软权力资源的一般表述在约瑟夫·奈教授的许多文献中都有体现，秦亚青教授正是看到了俞新天教授等"文化派"软权力研究者的观点，所以认为这三个要素代表了学者之间的广泛共识。详情请参见秦亚青主编《观念、制度与政策——欧盟软权力研究》，世界知识出版社2008年版，第6页。

② 在此书中有时也称作共有观念、文化理念或欧盟新文化理念。

学术界探讨欧洲观念、分析欧盟制度与政策的文章和专著，都不乏佼佼者。但是大多数的研究成果缺乏将观念、制度与政策用一条逻辑线索贯穿起来的理论视野，对这三者互动关系的理论探讨也不多见。该书的贡献在于，将欧洲观念、欧盟制度和内外政策的研究，整合进一个统一的分析框架中，有助于从宏观层面解释欧盟的行为。在学术界"认为 21 世纪的世界软权力比以往会发挥更大的作用①"且缺乏对软权力研究体系设计的背景下，秦亚青教授等对欧盟软权力的探索展现了相当强的理论功底，这种研究设计丰富了对欧盟影响力的理论解释。

由此可见，国内欧盟软权力的研究现状是，宏观层面研究更有利于对欧盟的实际行为做出解释；欧盟软权力研究存在的不足是，有理论特长的研究文献对欧盟具体问题的研究有待深入，而欧盟具体问题研究专著对软权力理论的应用也有值得进一步探索的空间。科学研究的进步，都是建立在借鉴前人已有的成就的基础上的。梳理现有的研究成果，能够为后续研究的改进提供有价值的思考线索和进一步完善的空间。

第三节　深化欧盟软权力研究的思考

对现有文献进行梳理与总结，笔者发现以约瑟夫·奈教授为代表的国外的软权力理论研究在系统性和规范性方面有明显的缺陷，2008 年以后国内的软权力研究在理论和方法两个方面都取得了一定的进步。在学术界对软权力理论普遍存在"偶发议论"的大背景下，《观念、

---

① 秦亚青主编《观念、制度与政策——欧盟软权力研究》，世界知识出版社 2008 年版，第 22 页。

制度与政策——欧盟软权力研究》一书为理论研究与现实分析的结合做出了学术探索。不过该书存在的一些缺点和不足，从某种程度上显现出欧洲问题研究的复杂性与艰巨性。例如，从欧洲历史与文化的角度分析，该书有些章节认为欧洲的和平意识、合作思想和欧洲观念等都是战后欧洲一体化实践的产物，这些观点可能是需要再斟酌的。另外，该书对欧洲一体化史实的解读也存在一些自相矛盾的判断。

笔者认为，应当用软权力理论来研究欧盟。虽然理论研究不能把握一个多层面和不断变化着的研究对象的全部细节，但是有助于更透彻地理解更重要的事实。缺乏理论支撑的研究成果很难从研究对象的表面深入研究对象的本质，一般只能回答"是什么"而不能解决"为什么"的问题。因为事实本身是不能进行自我解释的，而理论能够塑造我们对世界的看法，能够区分重要的事实和细枝末节的事实。[①]

但是理论研究本身难度较大，而欧洲问题研究又是国际问题研究中难度较大的领域之一。李少军研究员曾经指出，在国际关系研究领域，一直存在搞理论的不大联系实际，而进行现实分析的又很少应用理论的现象。[②] 由于欧盟问题的复杂性和独特性，一般情况下并不能依靠常识简单推测，中国与欧盟的入世谈判曾经成为中国学者和官员重新认识欧洲问题重要性的例子。[③] 意大利学者认为，欧洲一体化的历史经验对于当今中国的现实具有重要的借鉴意义，对了解欧洲经济和货币一体化的历史及其复杂性，了解共同体内部在共同对外与安全

---

① Georg Sørensen, "The Case for Combining Material Forces and Ideas in the Study of IR", *European Journal of International Relations*, Vol. 14 (1), 2008, p. 5；吴勇、宋德星：《中文版译者序言：国际关系学的学科、理论、方法论与新议题》。见〔加〕罗伯特·杰克逊、〔丹〕乔格·索伦森《国际关系学理论与方法》，吴勇、宋德星译，天津人民出版社 2008 年版，第 11 页。

② 李少军：《国际关系理论与现实》，《世界经济与政治》2004 年第 2 期，第 20 页。

③ 〔法〕帕斯卡尔·拉米：《以欧洲的名义》，苗建敏译，中信出版社 2004 年版。

政策上的分歧和矛盾等实际知识，都是有好处的。① 2008 年发布的一项调查结果表明，中国的一般公众对欧盟的复杂性和独特性知之不详，相对而言欧洲研究专家对欧盟的了解更多一些，但即使长期从事欧洲研究的学者，也存在对欧盟基本知识知之不详的现象②。反映到欧盟软权力的研究上，笔者注意到，研究欧盟的学者一般很少专门研究除一体化理论以外的国际关系理论。而对国际关系理论有所建树的学者，可能没有足够的时间和精力对欧盟本身的复杂性与独特性做仔细了解。这种现象也许可以解释，为何研究欧盟的论述往往缺少对软权力理论的深入分析，而对软权力理论分析深入的文献又为何缺乏对欧盟实际情况的深入研究。

综合以上分析，笔者认为对于擅长理论研究的学者来说，如果能够更全面地了解欧盟，就可以进一步提高欧盟软权力研究的水平。对于专业研究欧盟的学者而言，在多数学者根据约瑟夫·奈教授的传统说法而相信经济力量仅是硬权力资源的时候，如果能够证明"欧盟软实力的来源是其经济实力"③ 有其合理性，就能够弥补软权力理论固有的缺陷，从而增强欧盟软权力研究的理论解释力。

第四节　本章小结

由于欧盟的软权力涉及软权力的理论研究和欧盟自身两个方面，

---

① 〔意〕翁贝尔托·特留尔齐：《中文版序言》，见〔意〕翁贝尔托·特留尔齐：《从共同市场到单一货币》，张宓、刘儒庭译，对外经济贸易大学出版社 2008 年版，第 1 页。

② 中国社会科学院欧洲研究所课题组：《中国公众对欧盟及中欧关系看法的调查与初步分析》，《欧洲研究》2008 年第 2 期，第 24～41 页。

③ 金玲：《欧盟对外政策工具中"硬力量"与"软力量"的结合》。见周弘主编《欧盟是怎样的力量——兼论欧洲一体化对世界多极化的影响》，社会科学文献出版社 2008 年版，第 125～136 页。

故笔者既重视对软权力理论研究的探讨，也重视对欧盟实际状况的了解。笔者认为，在吸收、借鉴软权力理论研究新近成果和欧洲一体化研究丰富成果的基础上，才能做好对欧盟扩大过程中软权力因素的学术分析。

本章已经揭示，国内的软权力研究和欧盟具体问题研究都有各自的学术优势，如果能够实现两者优势的互补，必将促进欧盟软权力研究的发展。虽然实现理论研究与现实分析的结合仍是国际关系学界普遍没有解决的一大难题[1]，但是欧洲一体化实践所催生的欧洲一体化理论也不断丰富和检验着国际关系的主流理论[2]。那么对于天生就具有较多软权力特征的欧盟来说，继续深化其软权力研究，不仅可以促进欧盟实际情况研究的继续发展，而且可能推进软权力理论研究迈向主流国际关系理论研究的步伐。

无论是受到肯定还是批评，被众多学者议论纷纷的"软权力"究竟是什么？作者是怎样论述的，这个理论的优缺点是什么？笔者在第三章将尝试对这些问题做出回答。

---

[1] 李少军：《国际关系理论与现实》，《世界经济与政治》2004 年第 2 期，第 20 页。

[2] 朱立群：《译者前言》，见〔英〕维纳、〔德〕迪兹主编《欧洲一体化理论》，朱立群等译，世界知识出版社 2008 年版，第 23 页。

第三章　把握软权力理论实质

第一节　审视软权力理论的宏观视角

虽然约瑟夫·奈教授论及软权力的文献很多，但是很多并不是专门探讨软权力概念及其相关理论，有的文献只是偶尔从不同角度提及一下这个概念就不再涉及理论问题了。例如，《安全与巧权力》一文，大部分内容都是对埃兹奥尼（Etzioni）提倡的安全第一对外政策的评价，提及的理论只有一句，即"应对当今世界面临的诸多问题，唯一的可行之道就是与他人合作并使用巧权力——这是一种将软权力的吸引与硬权力的强制相结合的战略"。[①] 他的文章、著作时间跨度也很长，例如1990年发表的软权力文章与2009年的软权力文献之间就有近20年的时间。这样带来的问题是，如果仅仅依靠阅读一两篇约瑟夫·奈教授论及软权力的文章可能难以从整体上把握软权力理论的实质内涵。

试举一例说明。在搜集、整理有关软权力研究的文献过程中，笔者发现关于软权力概念首次提出的时间问题，经常有两种自相矛盾的

---

① Joseph S. Nye, Jr., "Security and Smart Power", *American Behavioral Scientist*, Vol. 51, No. 9, 2008, p. 1353.

说法：一种说法认为约瑟夫·奈教授在 1989 年首次提出了软权力概念①，另一种说法则认为约瑟夫·奈教授首次提出软权力是在 1990 年②或是 20 世纪 90 年代初③。笔者经过查阅现有资料发现，这两种说法自相矛盾的根源，其实都来自约瑟夫·奈教授未经审查的疏忽。1989 年的首创说和 1990 年的发表说，在约瑟夫·奈教授的文献中均有出处。

1989 年首创说的根据，主要出自约瑟夫·奈教授为《硬权力与软权力》一书所作的《引论：硬权力与软权力》一文，原文为"在 1989 年撰写的《注定领导》（*Bound to Lead*）一书中，我率先提出了'软权力'的概念"④。但是在此次关于 1989 年首次提出的说法，约瑟夫·奈教授并没有交代《注定领导》一书到底是在哪一年出版的。如果提出的时间与出版的时间一致，则完全可以避免其他学者对此处语义的理解分歧，但事实并非如此简单明了。1990 年的发表说，出自《软力量：世界政坛成功之道》一书的《中文版序言》，原文为"我首次提出了'软力量'的概念是在《谁与争锋》一书中。该书于 1990 年出版，旨在反驳当时流行一时的美国衰败论"⑤。此处文献终于说清楚了该书的出版时间，但是又省略了与该书出版时间不同的软权力概念的首创时间问题，而且这本书的译者也没有给出《谁与争锋》一书

---

① 周琪等：《约瑟夫·奈的权力力理论及其启示》，《世界经济与政治》2010 年第 4 期，第 73 页。

② 伍贻康：《欧盟软力量探析——欧盟治理模式的效应评价》，《世界经济与政治》2008 年第 7 期，第 26 页；秦亚青主编《观念、制度与政策——欧盟软权力研究》，世界知识出版社 2008 年版，第 40 页。

③ 方长平：《中美软实力比较及其对中国的启示》，《世界经济与政治》2007 年第 7 期，第 21 页。

④ 〔美〕约瑟夫·奈：《硬权力与软权力》，门洪华译，北京大学出版社 2005 年版，第 7 页。

⑤ 〔美〕约瑟夫·奈：《中文版序言》，见〔美〕约瑟夫·奈《软力量：世界政坛成功之道》，吴晓辉、钱程译，东方出版社 2005 年版，第 1 页。

的英文书名，这无疑又增加了读者推测的难度。

　　然而约瑟夫·奈教授给读者造成的纠结，并没有到此为止，因为即便把发表软权力概念时间确定在 1990 年，也存在两种不同的说法：第一种说法认为，在 1990 年出版的《注定领导》一书中，约瑟夫·奈教授首次提出了软权力概念[①]；另外一种说法则认为，在 1990 年的《对外政策》杂志上，约瑟夫·奈教授首次提出了软权力概念[②]。与前面的问题一样，这两种说法自相矛盾的根源，也都来自约瑟夫·奈教授。

　　笔者根据约瑟夫·奈教授的英文原作《软权力：世界政坛成功之道》（*Soft Power：The Means to Success in World Politics*）一书中《前言》的说法，可以确定《注定领导》一书的正式出版时间为 1990 年。原文为“在《注定领导》这本书里，我首次研发了（first developed）‘软权力’这个概念，这本书在 1990 年出版，旨在驳斥甚嚣一时的美国衰落论”（原文为“I first developed the concept of ‘soft power’ in *Bound to Lead*，a book I published in 1990 that disputed the then-prevalent view that America was in decline”）。[③] 约瑟夫·奈教授的这种表态也好像是在暗示软权力概念首次提出是在 1990 年。在通常情况下，文献首次发表的时间会被其他研究者看作该书首次提出某某概念的时间，这就解释了为什么一部分学者认为 1990 年或 20 世纪 90 年代初，就是约瑟夫·奈教授首次提出软权力概念的时间。然而约瑟夫·奈教授在 2006 年发表的《再思考：软权力》（*Think Again：Soft Power*）一文，

---

① 肖欢：《冷战后美国软实力的下降及其启示》，《国际政治研究》2006 年第 3 期，第 148 页。
② 秦亚青、高尚涛：《软权力理论》，见秦亚青主编《观念、制度与政策——欧盟软权力研究》，世界知识出版社 2008 年版，第 40 页。
③ Joseph S. Nye, Jr., “Preface”, *Soft Power：The Means to Success in World Politics*, New York：Public Affairs, 2004, p. 11.

似乎终于道出了谜底，明确承认《外交政策》杂志是首次发表他软权力概念的期刊（原文为 "In 1990, *Foreign Policy* was the first journal to publish the concept 'soft power' in an article I wrote"）。①

综合以上分析，笔者认为应该是 1989 年约瑟夫·奈教授首次提出了软权力概念，1990 年作者正式发表了相关成果，《注定领导》一书成为首次发表作者软权力概念的著作，《外交政策》成为首次发表作者软权力概念的期刊。

这个例子说明，即使一个技术细节问题，由于约瑟夫·奈教授行文的"不拘小节"，再加之原版信息在翻译与传播过程中所造成的误差，母语非英语的其他研究者仅仅依靠阅读作者一两篇的软权力研究文章，可能难以从整体上理解约瑟夫·奈教授关于软权力理论的诸多思考。因此，笔者需要搜集、整理约瑟夫·奈教授横跨 20 年的软权力研究系列文献，从整体上把握软权力理论的发展变迁。也只有从宏观上把握约瑟夫·奈教授的理论，才能比较准确地概括出作者的核心观点，从而达到最终弄清楚软权力理论实质内涵的目的。

第二节　软权力理论的发展变迁

经过梳理约瑟夫·奈教授 20 余年相继发表的软权力文献，笔者发现他是伴随研究的发展和深入而不断修正自己的文字阐述的。基于这种发现，笔者认为，要抓住软权力理论的实质内涵，就应当去了解约瑟夫·奈教授软权力理论 20 余年的发展变迁。而要深入分析他的理

---

① 详情参见 Joseph S. Nye, Jr., "Think Again: Soft Power", http://www.foreignpolicy.com/articles/2006/02/22/think_again_soft_power? print = yes&hidecomments = yes&page = full, last accessed on 31 August 2010。中文版请参见〔美〕约瑟夫·奈《"软权力"再思索》，《国外社会科学》2006 年第 4 期，蔡玮译，第 90 页。

论，就应当将作者在不同研究时期的各种著述进行对比研究，整理逻辑一致的核心观点，甄别相互矛盾的不妥论述，关注明显修正的发展创新，以期能够准确和全面地把握该理论的发展变迁。这种研究思路有利于消除对约瑟夫·奈教授前期研究成果的误解和片面解释，加之国内学术界关注较少，所以值得尝试。

关于这一发现和认识，也有其他学者与笔者的观点不谋而合。《世界经济与政治》2010 年的一篇文章指出，中国学者要想利用约瑟夫·奈教授的软权力理论，就必须清楚完整地了解约瑟夫·奈教授软权力理论的发展过程，"但是从我们读到的中国学者的论著中，我们发现大多数人是根据奈从 1990 年到 2002 年提出的观点来对其理论进行评论的，可是这样一来，他们就忽略了奈自那时以来对其理论不断完善的努力"。①

鉴于从以往文献中所发现的问题，为了从整体上把握软权力理论，笔者需要解答三个问题。首先，已经有学者委婉地批评约瑟夫·奈教授 2002 年之前的软权力理论不够完善，那么，1990 ~ 2002 年他的软权力理论的主要观点是什么？其次，2002 年以后软权力理论是如何完善的？最后，近几年能够体现作者对其理论进行完善的依据是什么？

由于约瑟夫·奈教授持续论述软权力已有 20 年之久，相继出版和发表的文献较多，一一列举既受篇幅限制也难以突出重点。同时，他的某些文献并非专门探讨软权力理论，仅是从评论时政的角度顺带提及相关概念。所以本书有必要按照其具有明显变化的理论发展的时间段为界限，以作者在不同时段的代表论著为主、其他文献为补充的方

---

① 周琪等：《约瑟夫·奈的软权力理论及其启示》，《世界经济与政治》2010 年第 4 期，第 88 页。

式来梳理软权力理论的发展变迁。

1 1990～2002 年的软权力理论

研究软权力的中国学者曾在 2004 年发表的文章中将《美国霸权的困惑：为什么美国不能独断专行》① 一书看作当时约瑟夫·奈教授软权力理论的代表作。② 由于该书的中译本③紧随英文版本于同年在中国出版，笔者可以推断从软权力理论引入中国到 2002 年这段时期，国内学术界探讨软权力，这本书必定成为重要的参考。由于该书的中译本与原文有一定的出入，为了保证研究质量，笔者选取这部著作的英文版（以下简称《困惑》）作为分析约瑟夫·奈教授1990～2002 年关于软权力理论阐释的主要根据。

约瑟夫·奈教授在《困惑》一书中主要论述了软权力的定义、使用方式、资源及资源发挥作用的条件、与硬权力的关系、软权力的主体以及强调软权力在 21 世纪的前途 6 个问题。

1.1 软权力的定义来源于权力使用方式的差异

软权力是以间接方式动用权力的一个方面，是以吸纳而非强迫的方式（co-opts people rather than coerces them）"使你之所欲成为他者之所求"，有别于依赖"胡萝卜""大棒"的硬权力以利诱或威胁的方式改变他者立场。从这个简单的描述性定义可以看出约瑟夫·奈教授所指的软权力是传统权力的另一种形式，其使用方式明显不同于硬权力的强迫，从而导致了权力可能产生的效果有别于硬权力的"口服心不服"，而能"使你之所欲成为他者之所求"（getting others to want what

---

① Joseph S. Nye, Jr., *The Paradox of American Power*: *Why The World's Only Superpower Can't Go It Alone*, New York: Oxford University Press, 2002.

② 张晓慧：《"软实力"论》，《国际资料信息》2004 年第 3 期，第 25 页。

③ 〔美〕约瑟夫·奈：《美国霸权的困惑：为什么美国不能独断专行》，郑志国等译，世界知识出版社 2002 年版。

you want)①。笔者据此认为，权力使用方式的差异是区分软、硬权力的首要标志。

1.2 软权力具体使用方式的多样性

软权力的使用方式除了约瑟夫·奈教授所言的"吸纳"（co-opt）之外，还包括说服、劝说、设置议程、诱惑和吸引等其他方式。他说，软权力是影响的来源之一，但是它超越了说服和以理服人的能力，是一种设置政治议程以及诱惑（entice）与吸引的能力。②可见，软权力发挥作用的共同特征是"非强迫或非威胁"性质的，但具体指代什么则是一个在非强迫性的大范围内需要再甄别的问题。

1.3 软权力资源及其发挥影响原理

2002 年约瑟夫·奈教授关于软权力资源的英文表述，一方面将较为具体的文化、意识形态、制度与更抽象的价值观并列，认为价值观体现在具体的行为之中。他说，建立偏好的能力通常与无形的权力资源相联系，如文化、意识形态和制度都是无形的权力资源；但软权力不仅仅是文化权力，政府的行为在国内、国际机构以及对外政策中所捍卫的价值观，也影响着他者的偏好。另一方面约瑟夫·奈教授又认为价值观统领文化、制度与政策。他说，软权力的很大部分来源于美国价值观，而这些价值观渗透在美国文化、国内政策和涉外方式等方面。③ 结合这两种原文表述，笔者认为约瑟夫·奈教授实际上是说，价值观不仅体现在政府宣传层面上的具体文化、制度和政策等内容上，还体现在遵守制度和执行政策的实际行动上，这两个层面的最终诉求

---

① Joseph S. Nye, Jr. , *The Paradox of American Power: Why The World's Only Superpower Can't Go It Alone*, New York: Oxford University Press, 2002, pp. 8 - 9.

② Joseph S. Nye, Jr. , *The Paradox of American Power: Why The World's Only Superpower Can't Go It Alone*, New York: Oxford University Press, 2002, p. 9.

③ Joseph S. Nye, Jr. , *The Paradox of American Power: Why The World's Only Superpower Can't Go It Alone*, New York: Oxford University Press, 2002, pp. 9 - 11.

都是价值观。

那么，权力拥有者要实现预期目标，其权力资源要发挥作用，需要具备哪些条件？约瑟夫·奈教授给出的答案包括：文化要有普适性，要包含民主、自由和开放等价值观；制度要能够约束他者；态度要谦虚，眼光要长远。他说，国家权力至关重要的资源是普适文化和有能力创建一套有利于自己的规则和制度来治理国际活动。"民主、个人自由、向上流动和开放等价值观经常体现在美国大众文化之中，高等教育和对外政策在许多领域为美国权力做出了贡献。"以傲慢或冷漠对待他国意见、以短浅的目光聚焦本国利益是这些新单边主义的表现，其是我们实现软权力的障碍。①

当文化有吸引力、制度具有激励作用、权力的合法性增强时，他国就可能按照被事前塑造的偏好行事，从而产生默认、效仿和跟随等行为，这其实是约瑟夫·奈教授想要表达的软权力发挥作用的原理。他说，文化和意识形态具有吸引力，他国就更愿跟随。如果支撑一国的制度能够激励他国以该国喜欢的方式引导或约束他国的活动，该国就无须花费代价高昂的"胡萝卜"和"大棒"。权力的合法性可以减少权力行使的阻力。设置政治议程的方式塑造了他者的偏好，而建立偏好的能力通常与无形的权力资源相联系，吸引又经常导致默认或效仿。②

1.4 软、硬权力的相互关系

2002 年约瑟夫·奈教授在论及软、硬权力之间的关系时，更多地强调了两者之间的共性，笔者将这几层关系概括为以下几点：因两者

---

① Joseph S. Nye, Jr., *The Paradox of American Power: Why The World's Only Superpower Can't Go It Alone*, New York: Oxford University Press, 2002, pp. 10 – 11.

② Joseph S. Nye, Jr., *The Paradox of American Power: Why The World's Only Superpower Can't Go It Alone*, New York: Oxford University Press, 2002, pp. 9 – 10.

都是权力，所以从最广泛的定义看两者的含义具有重叠的部分；因硬权力资源兼具强迫与吸引的双重性，所以硬权力资源在某些情况下是可以产生软权力的；但是软权力却可以独立发挥作用。约瑟夫·奈教授说：硬权力与软权力相互联系，也可相得益彰（can reinforce each other），两者的相同之处是具有通过影响他者行为达到自己目的的特定能力。某些时候，同一种权力资源可以影响权力行为从强迫到吸引的整个范围。硬权力既可以用来创建帝国，也可以制定约束小国的制度（如苏联与东欧国家的关系），当国家以必胜论或注定论的神话包装自己时，这样的硬权力也可能对某些国家产生吸引。相对应的另一面，则自然是经济、军事衰落的国家有可能丧失塑造国际议程的能力而失去吸引，但实行专制政策的国家其硬权力的增长并不必然带来软权力的增强（如苏联出兵匈牙利和捷克斯洛伐克）。这似乎是在暗示，硬权力资源的用途更广，或者说是相对软权力资源硬权力资源有更大的影响范畴。软权力也可以独立发挥作用（如梵蒂冈），它并不是硬权力的简单反映，加拿大、荷兰和北欧等国的政治影响强于其军事、经济实力，原因在于这些国家在界定国家利益时纳入了经济援助或维持和平等具有吸引力的要素。[①]

1.5　软权力的主体

约瑟夫·奈教授对软权力主体的看法，更青睐非政府组织的影响。除了政府可以拥有一定的软权力资产之外，拥有软权力的非国家行为体数量通常比拥有硬权力的非国家行为体更多一些。他说，许多软权力资源不同于硬权力资产，前者可能独立于或部分由政府掌控，不同于后者与政府有广泛和紧密的隶属关系。如今，受欢迎的美国公司或

---

① Joseph S. Nye, Jr., *The Paradox of American Power: Why The World's Only Superpower Can't Go It Alone*, New York: Oxford University Press, 2002, pp. 9 – 10.

非政府组织所产生的软权力与官方的对外政策目标有可能是相吻合的，但也有可能相矛盾。①

1.6　软权力在 21 世纪的重要性

约瑟夫·奈教授对软权力重要性的强调，是立足全球信息化时代，站在发达国家的立场上的，他认为软、硬权力不能相互替代，唯有相互配合才能确保美国的国家实力，实际上为后来巧权力（smart power）的提出埋下了伏笔，只是 2002 年的论述还未明确这个概念。他说，在全球信息化时代，权力正在向非有形性和非强制性转变，发达国家尤其如此。由于很多国家处于农业社会，另一些国家处于工业发展阶段，在这样一个多样性的世界里，权力的三种来源——军事的、经济的和软性的，都具有现实意义，尽管在不同的权力关系中会有程度的差异。21 世纪的权力将取决于软与硬这两种权力资源的结合，偏重对一个权力领域的分析并单纯相信对军事权力进行投入就可以确保实力，会成为美国最严重的错误。②

约瑟夫·奈教授在 1990 年夏、秋两季分别发表了讨论软权力的文章，经过对比发现这两篇文章对软权力理论的探讨均未达到 2002 年《困惑》一书对软权力研究的广度和深度。③ 因此《困惑》一书可以代表 1990～2002 年约瑟夫·奈教授软权力研究的水平。

2　2003～2005 年的软权力理论

2005～2009 年，中国核心期刊上发表的软权力研究文献相继反映

---

① Joseph S. Nye, Jr. , *The Paradox of American Power: Why The World's Only Superpower Can't Go It Alone*, New York: Oxford University Press, 2002, p. 11.

② Joseph S. Nye, Jr. , *The Paradox of American Power: Why The World's Only Superpower Can't Go It Alone*, New York: Oxford University Press, 2002, pp. 11 – 12.

③ Joseph S. Nye, Jr. , "The Changing Nature of World Power", *Political Science Quarterly*, Vol. 105, No. 2, 1990, pp. 177 – 192. Joseph S. Nye, Jr. , "Soft Power", *Foreign Policy*, No. 80, 1990, pp. 153 –171.

出，2004 年英文版的《软权力：世界政治成功之道》① 一书，"比较系统地梳理和更为清晰地表述"（张小明）、"主要体现"（郑永年、张弛）或"比较全面系统地讨论"（约瑟夫·奈、王缉思）了约瑟夫·奈教授的软权力学说②。2005 年该书的中译本在中国出版③，由此可见 2002～2005 年该书对中国研究者的影响。为了正本清源，笔者选取这部著作的英文版本（以下简称《软权力》）作为分析约瑟夫·奈教授 2003～2005 年软权力理论阐释的主要依据。

约瑟夫·奈教授在《软权力》一书中对软权力理论的扩展，不仅体现在将"软权力"的定义作为独立的一节专门阐述，还将"何为权力"、"软权力的来源"、"软权力的局限"、"软、硬权力的互动"、"全球信息时代的权力"以及"美国软权力的来源"、"他国的软权力"、"运用软权力"、"软权力与美国对外政策"等内容作为独立的章或节来分别论证。所以说该书被其他研究者描述为"比较系统地梳理"或"比较全面系统地讨论"了软权力学说，是有充分根据的。

需要说明的是，《软权力》著作中关于软权力主体的论述与 2002 年的研究基本一致。2004 年作者强调软权力在 21 世纪的重要性时更加突出了"全球信息时代"的背景，除了提到软、硬权力的结合是巧权力外④，其他内容多与 2002 年的论述重复。"运用软权力"一章，

---

① Joseph S. Nye, Jr. , *Soft Power：The Means to Success in World Politics*, New York：Public Affairs, 2004.

② 请参见张小明《约瑟夫·奈的"软权力"思想分析》，《美国研究》2005 年第 1 期，第 21 页；郑永年、张弛：《国际政治中的软力量以及对中国软力量的观察》，《世界经济与政治》2007 年第 7 期，第 6 页；〔美〕约瑟夫·奈《中国软实力的兴起及其对美国的影响》，《世界经济与政治》，赵明昊译、王缉思修订，2009 年第 6 期，第 7 页。

③ 〔美〕约瑟夫·奈：《软力量：世界政坛成功之道》，吴晓辉、钱程译，东方出版社 2005 年版。

④ Joseph S. Nye, Jr. , *Soft Power：The Means to Success in World Politics*, 2004, p.32.

主要从公共外交的角度讨论了软权力运用的一些策略和技巧，基本不涉及理论阐述。因此笔者省略对这三个问题的详述，重点关注作者自2002年以后对软权力理论有所超越和发展的新内容。

2.1 关于软权力的定义

2004年约瑟夫·奈教授对软权力所做的一般性定义与2002年的研究内涵无实质性的改变，但是研究广度已大为扩展。在表达上除了保留对权力使用方式差异的强调外，还增加了对不同形态资源对应不同性质行为的分析。他说，软权力以间接的方式发挥作用，就是不使用有形的军事威胁、收买或经济制裁来强迫他者，而是通过设置议程、树立榜样来吸纳（co-opts）、吸引，使己之所欲巧施与人（getting others to want the outcomes that you want），这也叫"权力的另一面"。① 这再次说明了，软权力本质始终是一种政治权力，由于发挥作用的方式与硬权力截然不同而能在某些情况下取得期望的结果，所以需要专门研究。

约瑟夫·奈教授对软权力定义的补充性说明，明显体现了作者对软权力概念的进一步发展。"（简单来说），从行为的角度讲，软权力是吸引权力。""从资源的角度讲，软权力资源是指产生这种吸引的资产。"② 这就意味着，约瑟夫·奈教授文献中的"软权力"一词，有时候指的是一种权力行为，有时候指的是这种行为所依赖的某种资源，具体指代何者需要根据上下文来判断。由于英文这一个词组，代表了汉语的两个意思，所以在汉语中有时必须区分清楚是软权力行为，还是软权力资源，但在英文中却可以含糊处理。

---

① Joseph S. Nye, Jr., *Soft Power: The Means to Success in World Politics*, New York: Public Affairs, 2004, p. 5.
② Joseph S. Nye, Jr., *Soft Power: The Means to Success in World Politics*, New York: Public Affairs, 2004, p. 6.

2.2　关于软权力的使用方式

2004 年约瑟夫·奈教授对软权力的使用方式除了定义中提到的"吸纳"、设置议程、树立榜样和吸引等外，作者对说服、劝说等其他方式的介绍与 2002 年的表述无实质差异。有所不同的是，他更加注重吸纳或吸引在国际政治中实现的议程设置与树立榜样的作用，对于软权力一般性的影响、说服或以理服人等方式，尽管不能说与软权力的行使完全没有关系，但是约瑟夫·奈教授似乎觉察到这些处于权力政治辐射的边缘地带。如，"软权力不仅仅等同于影响"，"毕竟影响也可以依赖威胁或收买的硬权力"；"软权力也超越了说服或以理服人的能力，尽管那是软权力的重要组成部分"。① 这说明，不仅作者在前期文献中所提到的软权力行使的具体方式是一个分布在非强迫性的大范围内需要再甄别的判断依然成立，而且这些手段其实是有核心与边缘之分的，只不过约瑟夫·奈教授没有明确透露出做出这样次序有别的排列是以距离权力政治关系的远近为参照的这一事实。

2.3　软权力资源以及资源如何发挥作用

如前文所述，笔者根据约瑟夫·奈教授 2002 年研究的零散表述，已推断出价值观既渗透在文化、制度与政策中也体现在政府的各项具体行为中。2004 年作者原文的综合表述，证明了笔者之前的推断依然成立。他说："在国际政治中，产生软权力的资源很大部分来源于一个组织或国家在其文化中体现的他所推崇的价值观，在国内实践（practices）和政策中树立的榜样，以及处理对外关系的方式。"②

他对无形资源的直接描述是"有吸引力的人格、文化、政治价值

---

① Joseph S. Nye, Jr., *Soft Power: The Means to Success in World Politics*, New York: Public Affairs, 2004, p. 6.

② Joseph S. Nye, Jr., *Soft Power: The Means to Success in World Politics*, New York: Public Affairs, 2004, p. 8.

观和制度，以及被认为合法或具有道德权威的政策"①。作者这一次省略了 2002 年提到的"意识形态"增加了"人格"，对作为权力资源的"政策"，也添加了"合法或具有道德权威"等修饰语。这说明，随着其研究的深入，约瑟夫·奈教授更加重视权力资源发挥作用的具体条件。最典型的例子是，2004 年作者对国家软权力资源的解释。"一国的软权力主要依赖于三种资源：其文化（对他者具有吸引力的地方），其政治价值观（当满足国内外期望的时候），其对外政策（当被视为合法和具有道德权威的时候）。"② 由于文化的概念是中外学者最难达成一致的抽象概念之一，于是他根据文化最一般的意义，将形式多样的文化分为两大类进行讨论。"文化是为社会创造意义的一系列价值观和实践。"文化具有多种表现形式，通常将其区分为高雅文化和大众文化，前者吸引精英，如文学、艺术和教育，后者注重大众娱乐。③

更深入地理解就是，无形资源中具备一定条件的部分资产才可能成为软权力行为所依赖的基础，不是所有的无形资源都可以无条件充当"软权力资源"。那么，什么样的无形资源可以被简便地识别为软权力资源？约瑟夫·奈教授只给出了一条具体意见，即"某种资产能否成为产生吸引的软权力资源，可以通过民意测验或焦点小组的意见征询来衡量"④，但是没有做进一步的归纳。按照笔者的理解，即要察看权力受动者具体的需求，而不是权力施动者一厢情愿的主观认定。

---

① Joseph S. Nye, Jr., *Soft Power*: *The Means to Success in World Politics*, New York: Public Affairs, 2004, p. 6.
② Joseph S. Nye, Jr., *Soft Power*: *The Means to Success in World Politics*, New York: Public Affairs, 2004, p. 11.
③ Joseph S. Nye, Jr., *Soft Power*: *The Means to Success in World Politics*, New York: Public Affairs, 2004, p. 11.
④ Joseph S. Nye, Jr., *Soft Power*: *The Means to Success in World Politics*, New York: Public Affairs, 2004, p. 6.

对于权力资源发挥吸纳作用的原理表述，这一次约瑟夫·奈教授将国家利益首次与价值观并列，并对超出国家边界的国际责任与吸引的关系做了一定的论述。比如"当一国的文化涵盖了普遍的价值观，而且其政策促进与他国共有的价值观和利益，它得偿所愿的可能性就越强，因为该国创建了吸引与责任的关系"。他继续批评，"狭隘的价值观和本位主义的文化就很难产生软权力"。他认识到，"政府的政策能增强也能葬送（squander）一国的软权力"。以虚伪、傲慢或冷漠态度对待他国意见，以短浅的目光聚焦本国利益，这样的国内外政策可以削弱其软权力。①

当吸引导致顺从的时候，软权力主体的预期目的就可能达到。但这只是一种可能性，并不意味着只要有了吸引，权力的目标就一定能够实现。他说，"软权力也是一种吸引的能力，吸引经常导致顺从"。但"吸引能否相应地产生期望的政策结果必须根据不同的情况来判定"②，因为任何权力资源的效果都取决于背景。在背景不同的地区和群体中，美国大众文化的吸引有利于美国官员推行其政策，而对美国文化的排斥也造成了推行政策的困难。③"吸引并非毫无例外地决定他者的偏好，然而作为资源衡量的权力与作为行为结果判定的权力，两者间关系的缺陷并非软权力独有。"作者的意思是，软权力的某些缺陷属于权力问题的共性。"所有类型的权力都有这个问题。"④ 无论是软权力还是硬权力，遭遇的共同困境是，潜在的权力资源不等于已经

---

① Joseph S. Nye, Jr., *Soft Power: The Means to Success in World Politics*, New York: Public Affairs, 2004, p. 14.

② Joseph S. Nye, Jr., *Soft Power: The Means to Success in World Politics*, New York: Public Affairs, 2004, p. 6.

③ Joseph S. Nye, Jr., *Soft Power: The Means to Success in World Politics*, New York: Public Affairs, 2004, p. 12.

④ Joseph S. Nye, Jr., *Soft Power: The Means to Success in World Politics*, New York: Public Affairs, 2004, p. 6.

实现的结果。怎样解决这个难题？约瑟夫·奈教授给出的答案是，权力资源可不像金钱那样容易兑现，占有权力资源不能保证每次都得偿所愿，从获取期望结果的角度讲，将资源转化为现实的权力需要精心设计的战略和过硬的领导才能。①

笔者对约瑟夫·奈教授上述分散表述的综合理解是，实现软权力的期望结果实际上是一个复杂的过程，其中任何一个环节的疏漏都可能前功尽弃，这就要求权力施动者有相当好的综合素质，不仅要了解他者的固有偏好（如对方的实际需求或利益），还应该主动去塑造（如责任意识，适当的策略和实施技能等），为自己实施权力做准备。他说"软权力取决于塑造他者偏好的能力"② 这一句对软权力施动者提出了比使用硬权力更高的要求，如果从主动实施权力的实践要求考虑，内容会更加丰富。

2.4 软、硬权力的相互关系

与 2002 年约瑟夫·奈教授更多强调软、硬权力之间关系的共性相比，2004 年他对这两种权力间差异的论述更加清晰和全面。他说，"软、硬权力相互联系，因为它们的共同点在于都是通过影响他者的行为达到自己目的的特定能力"。"它们的差别在于权力的性质和资源有形性在程度上的差异。"③

前文已经提到，约瑟夫·奈教授对软权力做一般性的定义时，已经多次将权力使用方式的差异默认为软、硬权力区分的首要标志。作者的重复表述证明了笔者推断的正确。他说，区分软、硬权力的方式

---

① Joseph S. Nye, Jr., *Soft Power: The Means to Success in World Politics*, New York: Public Affairs, 2004, p. 3.

② Joseph S. Nye, Jr., *Soft Power: The Means to Success in World Politics*, New York: Public Affairs, 2004, p. 5.

③ Joseph S. Nye, Jr., *Soft Power: The Means to Success in World Politics*, New York: Public Affairs, 2004, p. 7.

之一，就是考察获得想要结果的不同方式。^① 而这一次他对软、硬权力不同使用方式的发展体现在软、硬权力所依赖资源性质的差异上。"在没有任何明显威胁或交易发生的情况下，如果我能被说服跟随你的旨意——简言之，如果我的行为是由一种无形但可观测的吸引所决定——软权力就发挥作用了。""软权力使用一种不同类型的交易媒介（既非暴力，也非金钱）来促成合作——共同价值观的吸引以及为实现这些价值观而献身的正义和责任。""在交流思想的市场上，我们的决策通常由软权力塑造——在没有任何明显威胁或交易发生的情况下说服我们跟随他者旨意的一种无形吸引。"^② 从这些表述可以看出，2004年约瑟夫·奈教授对软权力使用手段的自信，来源于他对"无形吸引"资源的信心，排斥的是"金钱和暴力"，推崇的是"价值观"、"思想"以及"正义和责任"等具有一定道德色彩的东西。

2004年约瑟夫·奈教授关于软、硬权力关系研究的进一步发展，还体现在作者绘制了不同权力行为与最可能使用的权力资源之间的关系对应图表。该表的主要含义是，"不同类型的权力行为在以命令和吸纳为两端的区间之内，从强迫到经济诱惑、再到设置议程最后到纯粹地吸引，体现了程度的差异"。"软权力资源往往与靠近吸纳性一端的权力行为相关联，而硬权力资源通常与命令性行为相联系。"需要注意的是，约瑟夫·奈教授强调的这种对应关系只是一种"大致的联系"（the general association），为此他进行了补充性说明。他说，"（但是）这种对应关系并不严密"。例如，在某些时候，命令性权力既可以吸引其他国家，也可以创建事后具有合法性的制度。"强大的经济

① Joseph S. Nye, Jr., *Soft Power: The Means to Success in World Politics*, New York: Public Affairs, 2004, p. 6.

② Joseph S. Nye, Jr., *Soft Power: The Means to Success in World Politics*, New York: Public Affairs, 2004, p. 7.

不仅可以提供制裁和收买的资源，而且也能成为吸引的来源。""然而，总体而言，不同类型行为与某种资源的大致联系足够为我们分析软、硬权力资源提供实用而简略的参考。"[①]

2004 年约瑟夫·奈教授所揭示的"软权力的局限"是，由于软权力比硬权力更依赖于诠释者和接受者意愿的存在，所以软权力在抵挡攻击、保卫边疆和保护盟国等方面不如硬权力，承认用民意调查测量软权力资源也有不完美之处[②]。2002 年之前，约瑟夫·奈教授以某宗教国家为例，看到了软权力资源可以独立发挥作用的特例。2004 年之后，作者通过对主权国家的案例分析，谈论更多的是软、硬权力交错纠缠的现状。例如，在"软、硬权力的互动"一节里，约瑟夫·奈教授以 2003 年伊拉克战争为案例，详尽说明了软权力与硬权力有时相得益彰有时也相互干扰，硬权力也有吸引或软性的一面，软、硬权力在今天的世界上交错纠缠[③]。作者对软、硬权力互动性的进一步研究，最终引发了对巧权力（smart power）的关注。

尽管约瑟夫·奈教授 2004 年的软权力研究相比 1990～2002 年提出的观点有相当大的完善，但是他学术的进步并不仅限于这个阶段。国内许多文献除了对约瑟夫·奈教授 1990～2002 年的研究关注较多之外，还有一些文献对软权力理论的引用与批判，来源于他 2006 年之前的软权力研究。例如郑永年、张弛在 2007 年发表于《世界经济与政治》上的文章，评述的主要对象是约瑟夫·奈教授在 2004 年发表的《软权力：世界政坛成功之道》一书中的理论观点，他们的研究并未

---

① Joseph S. Nye, Jr., *Soft Power: The Means to Success in World Politics*, New York: Public Affairs, 2004, pp. 7 - 8.

② Joseph S. Nye, Jr., *Soft Power: The Means to Success in World Politics*, New York: Public Affairs, 2004, pp. 16 - 18.

③ Joseph S. Nye, Jr., *Soft Power: The Means to Success in World Politics*, New York: Public Affairs, 2004, pp. 25 - 30.

提及约瑟夫·奈教授 2006 年之后的理论动向。① 另外，龚铁鹰在 2008 年出版的专著《软权力的系统分析》②，学者孟亮于 2008 年出版的专著《大国策：通向大国之路的软实力》③ 等也都存在类似问题。这些著述的研究与发表均是在约瑟夫·奈教授 2006 年对软权力理论进行了重大修改之后而出现的，而且这些研究对软权力理论的发展也在不同程度上做出了相当大的贡献。但是不能否认的是，这批软权力研究的优秀之作都没有及时跟踪约瑟夫·奈教授理论研究的最新进展。高质量的研究著述尚且存在这样的疏漏，其他众多软权力研究文献的情况，也就可以揣测其所受的局限。这些因素相互作用的结果，客观上促使约瑟夫·奈教授 2006 年之前的软权力理论影响深远，而很少有人体察约瑟夫·奈教授 2006 年之后对自己软权力研究的再次改进与完善。

2006 年约瑟夫·奈教授又以《再思考：软权力》④ 一文为代表，对其原有理论进行了一系列的修正，所以本书有必要继续追寻 2006～2009 年软权力理论的发展变化。经笔者反复查证《对外政策》2006 年全年的文章，该期刊每期也都有 "Think Again" 的专栏，但是未收录奈教授这篇文章。此篇文章的英文版仅在《对外政策》的网站发表，另外通过 "谷歌学术" 进行搜索也可获得这篇文章的英文版，内容与《对外政策》网站上的相同，但是个别词句仍有出入。作

---

① 郑永年、张弛：《国际政治中的软力量以及对中国软力量的观察》，《世界经济与政治》2007 年第 7 期，第 6 页。
② 龚铁鹰：《软权力的系统分析》，天津人民出版社 2008 年版。
③ 孟亮：《大国策：通向大国之路的软实力》，人民日报出版社 2008 年版。
④ 请参见 Joseph S. Nye, Jr. , "Think Again: Soft Power", http://www.foreignpolicy.com/articles/2006/02/22/think_again_soft_power? print = yes&hidecomments = yes&page = full, last accessed on 31 August 2010. 另外，《国外社会科学》于 2006 年及时发表了这篇文章的汉译版，译文质量也不错，但事实证明，这篇文章连同它的英文原版并未受到后续软权力理论研究者的应有重视。中文版请参见〔美〕约瑟夫·奈《"软权力"再思索》，《国外社会科学》，蔡玮译，2006 年第 4 期，第 90～91 页。

为本书的参考，这篇文章选自《对外政策》的官方网站。

3　2006~2009 年的软权力理论

约瑟夫·奈教授在 2006 年发表的《再思考：软权力》一文，针对因传遍全球而变形和扭曲的（stretched and twisted）软权力理论，进行了一系列新的修正：明显淡化软权力理论的道德色彩；对文化、经济和军事等权力资源实际作用的判断更加贴近现实；更加强调巧权力的作用。

他说，软权力并非一定比硬权力更为高尚，它是一种解决之道，但并非道德的处方（not an ethical prescription）；软权力掌握在坏人手里照样产生令人震惊的后果，软权力仅在某些情况下才对特定目标提供道德更优的应对方式。作者在 2004 年曾认为，软权力促进合作，不同于硬权力之处，在于受共同价值观的吸引，以及为实现这些观念而奉献的正义和责任，这并不需要使用武力和金钱。[①] 但是，约瑟夫·奈教授 2006 年经过反思之后，对不花钱就可以促进软权力的增长，开始持某些否定态度。他说，软权力并不难使用，政府不仅可以控制和改变对外政策，而且可以在公共外交、对外传播和交换项目上投入资金，也能够起到促进大众文化发展的作用。他说，文化资源仅是软权力的一部分；经济力量既是软权力也是硬权力；军事资源的不同使用，既能促进软权力也能削弱软权力；单独依赖软、硬权力的一个方面是错误的，将两者有效结合的权力其专业术语称为巧权力。[②]

对软权力道德说教和软、硬权力资源在形态差异上的淡化处理，以及对巧权力现实意义的强调，都增强了软权力理论的解释力和科学性，体现了约瑟夫·奈教授 2004 年之后对软权力理论的新发展。2009

---

① Joseph S. Nye, Jr., *Soft Power: The Means to Success in World Politics*, 2004, p.7.

② Joseph S. Nye, Jr., "Think Again: Soft Power", ibid.

年约瑟夫·奈教授在《使用灵巧》一文里对巧权力的含义、使用途径以及对美国的重要作用都做了详细论述。[①] 2009 年约瑟夫·奈教授的《中国软实力的兴起及其对美国的影响》[②] 一文，所展现的理论在新颖性方面并未超出《再思考：软权力》一文所涵盖的范围。因此《再思考：软权力》一文可以作为作者 2006 ~ 2009 年理论研究的代表性文献，它体现了近些年来约瑟夫·奈教授对其理论的明显完善。笔者将约瑟夫·奈教授这一阶段的理论发展概括为三点：一是软权力资源的界定，已经明确纳入了经济和军事等物质性因素；二是淡化软权力的道德色彩，重视它发挥作用的客观效果；三是更加重视软权力不同形态资源之间的结合与行使手段的精明处理。

第三节　约瑟夫·奈的核心观点

前文从宏观层面梳理了约瑟夫·奈教授软权力理论近 20 年的发展变迁，但是他的理论中也有一些观点是保持基本稳定的，在本书中笔者将这些观点称为核心观点。笔者认为，在掌握这一系列核心观点的基础上，结合约瑟夫·奈教授这些年对其理论的发展和完善，就能比较全面地把握软权力理论的实质内涵。这些核心观点主要有：改变他者行为达到自己目的的观点；时代背景决定权力资源的观点；权力资源与权力行为既区别又结合的观点；前期文献中倚重无形权力资源实现政策目标的观点；权力行使手段非强制性的观点等。而他始终强调的完整的权力概念包括权力资源与权力行为两个方面的思想，贯穿在

---

① Joseph S. Nye, Jr., "Get Smart", http://www.foreignaffairs.com/print/65163? page = show, last accessed on 7 July 2010.

② 〔美〕约瑟夫·奈：《中国软实力的兴起及其对美国的影响》，《世界经济与政治》，赵明昊译、王缉思修订，2009 年第 6 期，第 6 ~ 12 页。

这些核心观点之中，成为核心观点中的首要观点。

作者的软权力概念来源于传统的权力概念，作者对于权力的理解在他的相关文献中均有体现。如 20 多年前，约瑟夫·奈教授认为，权力（power）就是为达到自己的目的或实现自己的目标而去约束别人的一种能力，包括别人并不愿意去做的情形。[①] 这个定义突出了权力的强制性，但是还没有点明软权力存在的意义，所以约瑟夫·奈教授从权力行为的使用方式上寻找软权力存在的意义。体现在 2004 年的著作中，即他给出了一个包含软权力内容的权力定义，他认为权力就是为了得到想要的结果而能够对别人的行为施加影响的一种能力，其方式包括威胁强迫、收买利诱、吸引与吸纳[②]。作者在 2006 年关于权力的定义中，基本重复了 2004 年的观点但是更加强调吸引与软权力的对应关系，他说"权力就是指为了随你所愿而改变他者行为的一种能力。其实现方式主要有三种：强迫（大棒）、收买（胡萝卜）和吸引（软权力）"[③]。这些分散在不同时期文献中关于权力定义的共同点都是强调权力施动者的目的性，并体现出权力不同于实力或力量等概念的外向特征。

约瑟夫·奈教授继承了前人关于权力背景决定权力来源的理论，强调了权力背景和具体的权力来源都在不断变化的事实。例如 20 多年前，作者认为"权力的来源从来都不是静止不变的，当今世界也会继续变化"[④]。搞清楚了权力的来源问题，作者对权力的实现途径就有了

---

① Joseph S. Nye, Jr. , "The Changing Nature of World Power", *Political Science Quarterly*, Vol. 105, No. 2, 1990, p. 177.

② Joseph S. Nye, Jr. , *Soft Power*: *The Means to Success in World Politics*, New York: Public Affairs, 2004, p. 2.

③ Joseph S. Nye, Jr. , "Think Again: Soft Power", http://www. foreignpolicy. com/articles/2006/02/22/think_again_soft_power? print = yes&hidecomments = yes&page = full, last accessed on 31 August 2010.

④ Joseph S. Nye, Jr. , "The Changing Nature of World Power", *Political Science Quarterly*, Vol. 105, No. 2, 1990, p. 183.

理论上的阐述。所以 10 多年后，从权力行为的实现角度他曾断言"权力的实现总是取决于关系存在的背景"①。他还将权力背景决定权力来源的理论进一步发展为时代背景与权力资源的关系论述，他说"简言之，只有了解时代背景才能判断权力资源（power resources）"②。2006年他又做了权力资源转化为行为结果的补充说明，"权力资源是否产生有利的结果取决于背景"③。

　　约瑟夫·奈教授在 1990~2002 年这段时间主要是从静态的视角，强调美国等西方国家在权力资源方面的吸引问题。从 2004 年开始他越来越关注软权力行为的实际使用问题，即把权力资源转化为行为结果的实际应用问题。约瑟夫·奈教授指出，仅仅依据能力或拥有的权力资源来定义权力是不够的，因为"拥有权力资源并不能保证你总是可以得到你要的结果。……将资源转化为现实权力，实现期望结果，需要精心设计的战略与高水平的领导"。④ 他还说，将权力资源与权力行为混为一谈的观点是不对的。⑤ 总体而言，他关于权力资源与权力行为所持的看法是，它们之间既存在区别，在实践中又强调两者的结合。

　　如前文所述，约瑟夫·奈教授在相当长的时期内特别倚重权力的无形资源，并几乎把这种无形资源与软权力资源的关系看作可以相互指代。例如，作者明确表述，"建立偏好的能力往往与无形的权力资源相联系，例如文化、意识形态与制度。这一维度可看作软权力，这

---

① Joseph S. Nye, Jr. , *Soft Power：The Means to Success in World Politics*, New York：Public Affairs，2004，p. 2.

② Joseph S. Nye, Jr. , *Soft Power：The Means to Success in World Politics*, New York：Public Affairs，2004，p. 4.

③ Joseph S. Nye, Jr. , "Think Again：Soft Power", http://www. foreignpolicy. com/articles/2006/02/22/think_again_soft_power? print = yes&hidecomments = yes&page = full，last accessed on 31 August 2010.

④ Joseph S. Nye, Jr. , *Soft Power：The Means to Success in World Politics*, ibid, p. 3.

⑤ Joseph S. Nye, Jr. , "Think Again：Soft Power", ibid.

与硬性的命令性权力形成对照，后者往往与有形的资源相关，比如军事与经济力量"[1]。类似这样的观点还有，"这种能够影响其他国家诉求的能力通常与无形的权力资源有关，例如文化、意识形态和制度"[2]。在作者眼里，意识形态、政治价值观或者西方的民主制度基本是一回事，所以他有时也将一个国家的软权力资源概括为有吸引力的文化、在海内外能够通行的政治价值观和被视为合法及具有道德权威的对外政策[3]。

由于约瑟夫·奈教授依据有形与无形资源区分硬、软权力性质的划分存在很多缺陷，所以作者在后期的研究中逐渐淡化这一观点。由于以非强制性手段界定软权力的性质不存在争议，所以作者坚持这一观点。例如，作者在1990年就提出，一国的软权力就是吸纳性权力（cooptive power），它与硬性的或命令式权力不一样，能让其他国家想其所想[4]。十多年后，作者依然认为，"软权力就是要以吸纳（co-opts）别人而非强迫的方式，从别人那里得到你要的结果"，它的实现取决于塑造他者偏好的能力[5]。

由于这些出自约瑟夫·奈教授英文原作的核心观点多次出现而保持了逻辑阐述的一致性，这些观点起到了支撑软权力理论基本架构的作用，因此笔者根据这些观点再结合约瑟夫·奈教授对其理论的长期发展，参考构建科学理论的相关标准，修正原有理论的重大缺陷，继续完善这一理论。

---

① Joseph S. Nye, Jr., "The Changing Nature of World Power", *Political Science Quarterly*, Vol. 105, No. 2, 1990, p. 181.

② Joseph S. Nye, Jr., "Soft Power", *Foreign Policy*, No. 80, 1990, pp. 166 – 167.

③ Joseph S. Nye, Jr., *Soft Power*: *The Means to Success in World Politics*, ibid, p. 11.

④ Joseph S. Nye, Jr., "Soft Power", *Foreign Policy*, No. 80, 1990, p. 166.

⑤ Joseph S. Nye, Jr., *Soft Power*: *The Means to Success in World Politics*, New York: Public Affairs, 2004, p. 5.

第四节　完善软权力理论

1　软权力理论的主要缺陷及原因探讨

通过对约瑟夫·奈教授有关软权力著述的梳理，笔者认为，他的软权力理论在提出后长达 20 年之久还未进入西方主流国际关系理论研究者的视野，与该理论缺乏科学论证有很大关系。根据万斯奎兹（Vasquez）的说法，一个好的经验理论必须满足七项标准：①要精确而有限；②要非相对主义的；③要能够被证实或是证伪；④要解释力强；⑤要可以被改进；⑥要与确立的知识相一致；⑦要简约。[①] 杰克逊和索伦森认为，即使不存在最好的理论，但是确定最佳理论的判断标准却是有意义的，这些标准是：①要保持连贯性，应该前后一致，没有内在矛盾；②要有清晰的特点，应该以清楚明了的方式陈述；③要具备公允性，不应该建立在主观的评价之上；④要具有重要意义，应该与大量重要的问题相关联；⑤要保持深刻性，应该能够尽可能多地解释和理解它声称要考虑的现象。[②]

按照这些科学理论的标准去衡量约瑟夫·奈教授的软权力研究，显然其软权力理论存在很多问题。即使不强求软权力理论一定要满足上述条件，但是理论的科学性至少也要求软权力理论做到两点：一是要相对严谨；二是要经得起实证研究的检验。前文已经提到，关于软权力资源的表述，约瑟夫·奈教授一会儿说军事和经济力量是软权力

---

① 〔加〕罗伯特·杰克逊、〔丹〕乔格·索伦森：《国际关系学理论与方法》，吴勇、宋德星译，天津人民出版社 2008 年版，第 305 页。

② 吴勇、宋德星：《中文版译者序言：国际关系学的学科、理论、方法论与新议题》，见〔加〕罗伯特·杰克逊、〔丹〕乔格·索伦森《国际关系学理论与方法》，吴勇、宋德星译，天津人民出版社 2008 年版，第 11 页。

资源，但是很快又断然否定自己的这种说法；关于软权力的行使方式，约瑟夫·奈教授一会儿说诱惑是硬权力的行使方式，吸引才是软权力的行使方式，一会儿又说诱惑和吸引都是软权力的行使方式。由此可见，约瑟夫·奈教授的软权力理论由于自相矛盾之处非常明显，理论的严谨性不足。而美国的大众文化是不是打败苏联社会主义体制的原因，笔者发现约瑟夫·奈教授并没有对此做出强有力的实证研究。为此，其他学者对约瑟夫·奈教授软权力研究的批评从来没有停止过。曾经对约瑟夫·奈教授在国际关系文化研究方面做出很高评价的学者一针见血地指出，软权力理论未成体系，而且约瑟夫·奈教授并没有依据他的理论去分析国际政治的现实，能否对国际秩序产生积极的影响，也是大有疑问的。[1]

有鉴于此，参考有关构建科学理论的标准，根据约瑟夫·奈教授的核心观点与长期理论修补的论述，笔者尝试提出一个相对严谨的软权力概念，这是完善该理论的首要任务。

2 笔者对软权力概念的界定

传统权力理论主要是指硬权力但也包括软权力的因素。[2] 而权力的基本含义，是指凭借一定的资源、采取必要的手段，通过影响他人的思想和行为，来达到自己目的的一种能力。笔者接受约瑟夫·奈教授关于一个完整的权力概念既包括权力资源也包括权力行为的说法，同时也认为一对基本的权力关系，至少要包括权力施动者和权力受动者两个变量。对于权力施动者而言，权力始终具有强烈的目的性，这一点软权力也不例外，但是软权力因与采取高压手段迫使他人屈服的硬权力不同，具有自己的一些特征。

---

[1] 俞新天等：《强大的无形力量：文化对当代国际关系的作用》，上海人民出版社 2007 年版，第 44~45 页。

[2] 张小明：《约瑟夫·奈的"软权力"思想分析》，《美国研究》2005 年第 1 期，第 28 页。

从权力双方的行为角度分析，笔者认为判断软权力关系是否存在的关键是看两点：一是看权力施动者是否采取了非强制性的手段，如宣传、规劝、吸引、吸纳等非暴力、非胁迫性的方式；二是看权力受动者是否因为权力施动者的适当行为而产生了理解、合作、追随、默认等符合权力施动者期望的行为。同时笔者认为，权力施动者实现自己的权力目标，凭借的是有形的权力资源，还是无形的权力资源，或者是这两者资源的结合，并不能构成判断软权力关系是否存在的依据。因为在现实的国际政治中，如果一国不顾其他国家的实际需要，而采取强制性手段推行自己的价值观、社会制度与政治模式，不但经常得不到相关国家的同情、理解、接受与合作，反而往往引发疏远、敌视甚至对抗。尽管约瑟夫·奈教授在很长时期内将权力的无形资源与软权力的行为相互绑定，也因此获得了众多文化、制度与政策研究者的追随与热捧，但是笔者拒绝接受这一缺乏实证研究的"权威观点"。因为事实上，无形的权力资源并不一定能产生吸引，无形的权力资源与非强制性的使用手段并非一定存在相互对应的必然联系。而有形的权力资源所产生的吸引和诱惑实际上更为普遍，同时需要重新认识的是，有形的权力资源与威胁、制裁等强制性手段也没有必然的联系。所以说以权力资源的形态——有形与无形，作为界定软权力关系是否存在的依据缺乏充分的科学论证。

从涉及权力关系双方的资源共享角度分析，软权力吸引关系能否建立以及权力施动者对权力受动者吸引力的强弱，主要取决于两个因素：首先是看权力施动者所提供的资源是否与权力受动者在某时期内对物质或非物质资源的需求相契合，需求契合是产生吸引关系的前提；其次是看契合的程度，如果契合度高，就说明软权力的吸引程度强烈，如果契合度低，则说明软权力的吸引程度微弱。

从软权力行为与软权力实现的结果角度分析，笔者认为，产生了软权力的吸引行为并不一定产生符合权力施动者预期的结果。软权力资源吸引力的大小与权力双方行为的互动程度共同决定了软权力吸引关系的强烈程度。只有当软权力的吸引足够强烈到让权力受动者自觉做出符合权力施动者预期的行为，符合软权力施动者预期的结果才能实现。如果产生了符合软权力施动者预期的结果，根据结果可以找到对应的软权力行为，软权力施动者的权力资源也一定发挥了吸引作用。但是这种逻辑反推回来却一定成立。

综上所述，笔者认为，所谓软权力，就是指权力施动者依赖有形、无形或两者兼有的各种资源，通过制定、实施非强制性的策略力促潜在权力资源向现实权力行为的转化，以建立符合双方需求的偏好为基础，以权力受动者思想和行为的自愿改变为依据，来检验权力施动者预期目标实现程度的一种能力。经过约瑟夫·奈教授长期努力完善的理论，其实可以对目前学术界存疑的若干问题进行解答。软权力的资源通常是无形资产，但是诸如经济和军事力量因其具有强制与吸引的双重性，因此也是软权力的重要来源。权力行使手段的不同和所依赖的资源在形态上的差异，可以在一定程度上用来区分软、硬权力。但是这两者间最本质的区别还是权力施动者所做的政治诠释和接受者意愿的存在。权力受动者某种认同的产生，实际上是软权力施动者实现预期目标的关键。从这层意义上理解，笔者认为软权力其实是一种使权力双方能够和谐分享某种资源而建立的一种权力吸引与合作关系。

软权力关系存在的前提条件是，权力施动者所提供的资源能够满足权力受动者的需求。前提条件只是构建软权力关系的必要条件，软权力资源吸引作用的发挥，还依赖于权力施动者所采取的行使手段能够让权力受动者自愿接受，以及双方权力行为良性互动的运行过程。也就是说，资源的满足、共享与行为的相互接受，是软权力关系建立的两个基本条件。软权力吸引力的强弱既取决于权力双方对于资源的共享程度，也取决于权力施动者与权力受动者互动行为的性质与稳定程度。软权力行为的实现程度成为体现软权力吸引力的基本依据。

第五节　软权力争议问题思考①

尽管约瑟夫·奈教授的软权力理论在近几年有了很大的发展，但是由于国内学术界对其近期理论的跟踪不够及时以及与中国文化的差异等原因，软权力概念翻译之争、软权力资源的界定问题以及"文化软实力"的含义解释，仍旧是国内软权力研究争论的问题。也许是受约瑟夫·奈教授软权力研究策论文章风格的影响，现有文献涉及软权力研究的，以建言献策为主要内容的居多，深入探讨理论的相对较少。重视现实问题分析的研究倾向有利于增强软权力学说的实用性，但是其理论深度的缺失，也会限制其研究结论的普遍适用性。针对 2007 年文化派与政治派的争论，有的学者主张以"实力"与"权力"概念的辨析来化解这场争论②，有的学者强调文化与政治是相互渗透的，不要只看到文化与政治相对立的一面③。持以上观点的研究者认为，约瑟夫·奈教授的理论是"软权力"论，而"软实力"的概念则属于中国化的产物，倾向认为软权力资源是无形的、非物质的。《软力量概念再辨析》一文虽然主张将物质性资源纳入"软力量"的分析范畴，但是依旧坚持约瑟夫·奈教授的理论是"软力量"而不是"软权力"

---

① 本节内容，是笔者在做研究的过程中针对学术界有争议的具体问题而做出的回应与思考，可以独立成章，也可看作对本书理论阐述未透彻说明部分的补充意见。

② 李智：《软实力的实现与中国对外传播战略——兼与阎学通先生商榷》，《现代国际关系》2008 年第 7 期，第 54～58 页。

③ 郭洁敏：《当前我国软力量研究中若干难点问题及其思考》，《社会科学》2009 年第 2 期，第 12～19 页。

论。① 也许由于文化派与政治派的争论不是在同一范畴内进行的，或是由于文化力与政治力是相互渗透的，文化派与政治派的争辩已经失去意义，但是关于软权力概念翻译的争议和软权力资源划分的争议仍在持续。而对"文化软实力"含义的准确解释依赖于对"soft power"概念翻译的标准和软权力资源的科学解释。软权力英译汉的翻译争议，其疑难点主要集中在"力量"、"实力"与"权力"等不同概念的理解上；软权力资源的争议，其疑难点主要集中在军事、经济等资源产生的是非物质的吸引还是物质诱惑，如果是物质吸引，它们是否属于软权力的分析范畴？

为了应用软权力理论深入分析欧盟的扩大，笔者首先需要对这几个明显困扰软权力理论发展的有争议的问题分别进行讨论。

1 浅析软权力概念翻译之争

1.1 探讨软权力概念汉译之争的意义

在中国学界较早的研究文献中，一些学者认为"soft power"无论被翻译成软实力、软力量还是软权力，其意思都是一样的。② 还有一些学者认为这几种译法都是相对准确的，没有必要断定哪一种译法是最准确的③。但是随着学界对软权力研究的深入，软权力的翻译争议逐渐成为中国学者探讨软权力概念时产生较大争议的问题。

约瑟夫·奈教授2005年的中译本专著《软力量：世界政坛成功之道》曾出现过约瑟夫·奈教授本人支持"软力量"汉译标准的说法。④

---

① 王利涛：《软力量概念再辨析》，《阿坝师范高等专科学校学报》2009 年第 4 期，第65～68 页。

② 俞新天等：《强大的无形力量：文化对当代国际关系的作用》，上海人民出版社 2007 年版，第 43 页。

③ 张小明：《约瑟夫·奈的"软权力"思想分析》，《美国研究》2005 年第 1 期，第 21 页。

④ 〔美〕约瑟夫·奈：《软力量：世界政坛成功之道》，吴晓辉、钱程译，东方出版社 2005 年版，第 221 页。

这似乎已经为中国学者提供了解决软权力汉译争议的标准答案，后续的有关文章之所以选择"软力量"而舍弃其他译法的原因似乎已经不言而喻①。但是更多的事实表明，不仅中国学者没有普遍认可这一标准，就连约瑟夫·奈教授的其他汉译著作也没有对"软力量"汉译标准达成一致意见。与《软力量：世界政坛成功之道》同一年出版的《硬权力与软权力》一书就没有采用"软力量"的译法，而是采用了"软权力"的译法。② 2009 年的《世界经济与政治》第 6 期，发表了约瑟夫·奈教授在这一年早些时候探讨软权力的文章，也没有采用"软力量"的译法，而是采用了"软实力"的译法，而且这篇文章还特别提到"软力量"、"软实力"和"软权力"这三种译法在中文语境中存在差别③，但是作者这次有意避开了何者为最优翻译的判断。"软力量"、"软权力"和"软实力"这三个有差别的概念，都包括在作者授权翻译的汉译版本里。这三种译法并存的状况，至少说明依靠约瑟夫·奈教授去解决软权力的汉译争议问题是不可能的。在这种情况下，中国学者有责任也有必要根据对软权力理论的实质内涵和汉语精确表达的要求去解决软权力的汉译争议问题。

1.2 "力量"、"实力"与"权力"的辨析

软权力（soft power）的汉译争议主要在于"power"的翻译，"soft"的翻译在这里不会构成问题。因此只要解决了"power"的翻译问题，关于软权力汉译争议的难点就能突破。在英文字典里，"power"一词可以包含汉语的"权力"、"力量"与"实力"这三个词的意

---

① 刘庆、王利涛：《近年国内软力量理论研究综述》，《国际论坛》2007 年第 3 期，第38～39 页；王利涛：《软力量概念再辨析》，《阿坝师范高等专科学校学报》2009 年第 4 期，第 67～68 页。

② 〔美〕约瑟夫·奈：《硬权力与软权力》，门洪华译，北京大学出版社 2005 年版。

③ 〔美〕约瑟夫·奈：《中国软实力的兴起及其对美国的影响》，《世界经济与政治》，赵明昊译、王缉思修订，2009 年第 6 期，第 9～10 页。

思，将其翻译为"权力"的根据是"power"可以表达"权威"（authority）之意，将其译为"力量"与"实力"的根据都是"power"可以解释为一种"影响"（influence），而"power"一词的基本含义是指"控制力"（control），即"控制人或事的一种能力"（the ability to control people or things）。① 在汉英双语《现代汉语词典》里，虽然"力量"、"实力"与"权力"这三者在某些情况下都具有英文"power"的意义，但是它们之间的差别还是显而易见的："力量"一词包括"力气"（strength）、"能力"（ability, power）与"效力"（efficacy）等意思；"实力"多指军事或经济方面实在的力量（actual strength or power）；"权力"则强调政治意义上的强制力量（power, authority），或是职责内的支配力量（scope of one's official power）。②

"power"的英文字典释义表明，"力量"与"实力"的内涵最为接近，都属于"影响力"（influence）的范畴，这两者与强调"权威"（authority）作用的"权力"一词差别较大。在现代汉语词典里，"力量"与"实力"都表示事物的自有资源或固有属性，两者的细微差别在于前者更多地用于自然属性的描述，后者更多地强调社会性的意义，而"权力"的政治目的和支配性质明显高于前两者。从中英文字典的释义看，由于"力量"与"实力"的内涵相近，这两者在某些情况下是可以互换通用的，但是这两者与"权力"的内涵差别较大，显然不适合替代"权力"所表达的意义。

尽管国内学界存在绕开对权力（power）概念的辨析而随意选择

---

① 〔英〕霍恩比：《牛津高阶英汉双解词典》（第6版），石孝殊、王玉章、赵翠莲等，商务印书馆2004年版，第1341页。
② 现代汉语对"力量"、"实力"与"权力"的中文解释与相应的英文翻译，请分别参见中国社会科学院语言研究所词典编辑室编：《现代汉语词典》（汉英双语），外语教学与研究出版社语言学与辞书部双语词典编辑室（翻译编辑），外语教学与研究出版社2002年增补本，第1183、1742、1596页。

"力量"、"实力"或"权力"的译法①，或者仅根据政治学将"power"译为"权力"的惯例而习惯接受的现象，但是也有一部分学者对此进行了区分，这种区分有利于对相关概念做出更细致的理解。例如，有的学者指出，约瑟夫·奈教授的理论，既包含资源意义上的"实力"论，又明显具有行为意义上的"权力"论，总体而言，奈的理论是一种"权力"论而不是一种"实力"论，在不清楚"power"是一种行为力还是资源力的情况下，译为"力量"才更保险。② 还有学者对"实力"与"权力"的关系进行了论述："实力"是"权力"的基础，"权力"来源于"实力"，一般情况下"实力"与"权力"呈正比关系，但是也有例外；"权力"涉及合法与非法的问题而"实力"大多与自身资源有关；"权力"构建的互动关系更复杂，"实力"构建的互动关系相对简单；"权力"的目的性、意向性、强制性和有效性等比"实力"更加强烈和明显。③ 周弘进一步细分了"力量"、"实力"与"权力"的层层递进关系，认为"力量"仅表示中性和自在的分量与品质，"实力"则涵盖并在一定程度上超越了"力量"的内涵而具有自为的潜质，而"权力"则明显强调力量的对外行使，用这种观点解释欧洲，就是一个自觉的欧洲才可能将欧洲的自在"力量"发展为一种"实力"甚至"权力"。④

中英文字典的释义和其他研究者的贡献只是给出了解决软权力

---

① 关于"权力"与"实力"在同一语境中混用的现象很普遍，请参见唐彦林《奥巴马政府"巧实力"外交政策评析》，《当代亚太》2010 年第 1 期，第 92 ~ 107 页。有学者对此现象的批评参见李智《软实力的实现与中国对外传播战略——兼与阎学通先生商榷》，《现代国际关系》2008 年第 7 期，第 54 ~ 55 页；郭洁敏：《当前我国软力量研究中若干难点问题及其思考》，《社会科学》2009 年第 2 期，第 13 页。

② 李智：《软实力的实现与中国对外传播战略——兼与阎学通先生商榷》，《现代国际关系》2008 年第 7 期，第 54 ~ 55 页。

③ 孟亮：《大国策：通向大国之路的软实力》，人民日报出版社 2008 年版，第 16 ~ 18 页。

④ 周弘：《序言》，见周弘主编《欧盟是怎样的力量——兼论欧洲一体化对世界多极化的影响》，社会科学文献出版社 2008 年版，第 4 ~ 7 页。

(soft power) 翻译争议的基本方向，对这个问题的进一步探讨还需要从约瑟夫·奈教授英文著作中去寻找答案。

1.3 "软权力"的译法最符合英文版原意

尽管 20 年来约瑟夫·奈教授对于软权力理论的历次阐述也存在逻辑不严谨的瑕疵，但是软权力理论的核心观点反复出现而能基本保持一致。以上文献充分证明，约瑟夫·奈教授所说的软权力始终是"权力"的一种形式，它虽然与传统的硬权力形成对照，但是它并不排斥权力固有的、强烈的政治性与目的性，而是始终具有这种性质。作者分析各种软权力资源的最终目的，都是在于改变别人达到自己的目的，而不是毫无政治意图地对某种权力资源的自我陶醉。无论约瑟夫·奈教授对于权力资源的论述篇幅有多么宏大，作者思考的起点和论述的最终目的，都不是停留在现代汉语所指的"力量"或"实力"本身的资源层面，而是要达到政治学所指的"权力"应该达到的目的。

根据以上分析，笔者认为在同一语境中，应该尽量避免随意替换"力量"、"实力"与"权力"这三个有差别的概念。但是根据研究对象的需要而谨慎选择某一种译法，也有其合理性。如果主要关注研究对象的品质与资源，将"power"置于一种相对静态的条件下来研究，将其译为"力量"也无不可，这也符合在难以区分"power"是行为力还是资源力的时候，"power"为资源力可能性最大的情形。如果除了关注研究对象自身的资源之外，还在一定程度上涉及对"power"运用方式和实现条件的初步探讨，将其译为"实力"也能体现出它的社会属性。但是对"力量"与"实力"的分析，主要还是局限在对权力资源的分析层面上。除此之外，如果从构建权力多层互动关系的角度来观测"power"的行使效果，将其译为"权力"最准确。

尽管谨慎使用"力量"、"实力"与"权力"能够在不同语境中突出重点、各有所长，但是这种情况仅仅适用于根据各自研究侧重点的差异而选择不同译法的情况。对于约瑟夫·奈教授的软权力系列文献而言，笔者认为译为"软权力"为最佳选择。如前文所述，约瑟夫·奈教授完整的"权力"概念既包括"权力资源"（power resources）又包括"权力行为"（power behavior），两者缺一不可。如果将他的文献译为"软力量"或"软实力"，其中对于"权力资源"的翻译必然会出现"力量资源"或"实力的资源"① 这样的矛盾译法。因为在现代汉语里"力量"与"实力"本身就表示自身的资源与力量，"力量资源"与"实力资源"的译法难免有同义重复之嫌。最重要的是，约瑟夫·奈教授始终强调，为了达到自己的目的而去改变他者行为的这种"权力"的本质，如果勉强套用"力量"或"实力"的概念，均难以显示出"权力"强烈的外向特征②，只有政治学意义上的"权力"概念才与之最契合。所以，"软权力"的译法最全面地反映了约瑟夫·奈教授"软权力"理论的原文含义。③

在进行"权力（power）"概念辨析的基础上，中国学者谨慎地使用"力量"、"实力"与"权力"等有差别的概念，能够展示相关概念在不同语境中的确切含义，有利于纠正对"软权力"汉译用词的随意选取。但是为了研究设计的统一操作，鉴于"力量"与"实力"的内涵相近，笔者建议将前两者的研究归并为对"权力资源"（power re-

---

① 〔美〕约瑟夫·奈：《中国软实力的兴起及其对美国的影响》，《世界经济与政治》，赵明昊译、王缉思修订，2009 年第 6 期，第 7 页。

② 本书的观点来自以下文献的阅读感受：《软力量：世界政坛成功之道》一书的第一章"力量性质的变化"，关于"什么是力量"、"力量测试"以及"力量资源"等概念的翻译内容。详情参见〔美〕约瑟夫·奈《软力量：世界政坛成功之道》，吴晓辉、钱程译，东方出版社 2005 年版，第 46 页。

③ 本书同时注意到，例如"information is power"这样的说法，其中"power"实际表达的是"权力资源"或是"实力"与"力量"的概念，而不是"权力"，但是因为"权力资源"只是"权力"整体概念的一部分，所以本书总体支持"权力"的译法，见 Joseph S. Nye, Jr., *Soft Power: The Means to Success in World Politics*, New York: Public Affairs, 2004, p. 105。

sources）的研究。这样做，有利于避免对软权力资源研究的空谈，促进权力资源研究与权力行为研究的结合，既能全面反映软权力理论的原文含义，又有助于提高软权力研究在中国学界的科学性。

2 关于软权力资源与手段的争议分析

2.1 英文原著对软权力资源的划分是相互矛盾的

约瑟夫·奈教授一直强调软权力资源主要是无形的资源，其行使方式为非强制性手段，这两点被中外学者广为熟知。但是作者关于软权力资源与行使方式的界定一直饱受争议。这一争议的蔓延在很大程度上，是软权力理论的缺陷造成的。例如，他经常采取对立的观点来看待有形资源与无形资源的相互关系，习惯于将前者划为硬权力资源，将后者划为软权力资源，还以道德标准将有形资源发挥非强制性行为作用定性为诱惑（inducement），将无形资源发挥非强制性行为作用性为吸引（attraction），将诱惑归类为硬权力的行使方式，将吸引划为软权力的行使方式[①]。由于个人道德评判的主观随意性很大，所以作者有时也将物质诱惑等同于物质吸引从而将物质资源也看作软权力资源[②]。根据约瑟夫·奈教授的界定，军事威胁和经济制裁属于典型的硬权力，这一点其他学者也基本没有异议。但是作者将硬权力资源仅局限在军事与经济两个领域讨论，而且一提到这两种力量就倾向于与有形的、物质性力量画等号，就难免令人质疑了。如果说军事威胁与经济制裁是典型的硬权力的话，那么吸引对方参加军事合作与经济合作，又该如何解释呢？如果说经济力量中的物质与资本等属于硬权力资源，那么能够产生巨大经济收益的文化产业、服务行业等无形的力

---

① 根据参见约瑟夫·奈教授绘制的特定权力行为与特定权力资源与政策对照表，Joseph S. Nye, Jr., *Soft Power: The Means to Success in World Politics*, New York: Public Affairs, 2004, p. 8, p. 31。

② Joseph S. Nye, Jr., *Soft Power: The Means to Success in World Politics*, 2004, p. 7, p. 33, p. 116.

量，到底算硬权力资源还是软权力资源？事实上，不仅经济力量中存在无形的、非物质性的因素，同样，完整的军事力量也不可能缺少战略、战术、士气、素质与制度等无形的、非物质性的资源。还有，强大的军事和繁荣的经济，无论是在世界历史上还是在当今的国际政治中都能产生强大的吸引力，这是不容置疑的客观事实。虽然约瑟夫·奈教授没有否认这个事实，承认强大的军事和经济实力也能产生吸引力①，承认经济实力不仅创造财富而且也能产生声誉和吸引②，承认军队对软权力的创建也有重要作用③。但是作者长期以来主要强调的是无形权力资源的重要性，在提到经济与军事因素时，多数情况下都将这两者与有形的、物质性力量画等号，并以军事威胁、经济制裁或物质利诱等名义将它们归入硬权力的分析范畴，当避免不了要论及这两者产生的吸引与软权力的关系时，其语焉不详的笔墨透漏出的是作者含糊其辞的态度④。与作者论述美国大众文化和西方民主制度、意识形态的自信态度相比，作者将有形的、物质性力量纳入软权力理论分析范畴的抵制情绪，在上述文献中有明显体现，这与作者长期以来将物质利诱（inducement）划为硬权力分析范畴的惯例有一定关系⑤。

　　针对约瑟夫·奈教授软权力理论的上述缺陷，很多学者已经对相关问题进行了探索⑥。探索的结果就是对连约瑟夫·奈教授都觉得

①　Joseph S. Nye，Jr.，*Soft Power：The Means to Success in World Politics*，2004，p. 7.

②　Joseph S. Nye，Jr.，*Soft Power：The Means to Success in World Politics*，2004，p. 33.

③　Joseph S. Nye，Jr.，*Soft Power：The Means to Success in World Politics*，2004，p. 116.

④　Joseph S. Nye，Jr.，*Soft Power：The Means to Success in World Politics*，New York：Public Affairs，2004，p. 33，pp. 116 – 117.

⑤　Joseph S. Nye，Jr.，*Soft Power：The Means to Success in World Politics*，2004，p. 31.

⑥　具体参见花建《软权力之争：全球化视野中的文化潮流》，上海社会科学院出版社 2001 年版；黄建国《中国军事软实力评估与增进方略》；门洪华主编《中国：软实力方略》，浙江人民出版社 2007 年版，第 220～240 页；贵州电视台《论道》栏目组编选《软实力决定竞争力》，漓江出版社 2008 年版。

"不甚完美"（imperfect）的特定权力资源与特定权力行为之间一一对应关系①的质疑与否定。其中，部分持怀疑的观点，虽然"倾向于认为经济实力是一种硬实力"②，但是又承认文化产业和环保产业既是一国的软权力资源，同时又是该国经济的组成部分③。中国学者与官员在讨论文化产业的出路时曾强调，文化产业要成为成功的经济产业，仅仅依靠文化人的努力是不够的，必须依靠企业家去做，如果不以产业的方式去经营文化，现在的文化不可能做大做强。④ 而完全突破约瑟夫·奈教授特定资源与特定行为之间对应关系分析框架的学者则进一步认为，一国以非强制的方式运用包括物质与非物质的、无形与有形的全部资源以争取他国自愿理解、认同或合作的能力都是该国的软权力⑤。那么，约瑟夫·奈教授近年来是否对其理论的缺陷有所修正呢？本书从文献中找到了答案。

2.2　约瑟夫·奈教授对软权力资源划分的修正

针对自己以往软权力理论的缺陷所引发的各种质疑与挑战，约瑟夫·奈教授从 2006 年开始对有关争议问题重新进行了思考和阐述。从软权力资源与手段界定的角度看，作者已经越来越明确地将物质性权力资源和物质吸引纳入软权力理论的分析范畴。

作者对经济力量可以产生软权力的论述包括："经济力量既可以转变为硬权力也可以转变为软权力：你可以用制裁胁迫他国也可以用财富诱惑他们。""毫无疑问，成功的经济是吸引的重要来源。""现实世界的很多情况，有时很难区分经济关系中到底哪一部分为硬权力，

---

① Joseph S. Nye, Jr., *Soft Power: The Means to Success in World Politics*, 2004, pp. 7 – 8.
② 韩勃、江庆勇：《软实力：中国视角》，人民出版社 2009 年版，第 56 页。
③ 韩勃、江庆勇：《软实力：中国视角》，人民出版社 2009 年版，第 51 页。
④ 贵州电视台《论道》栏目组编选《软实力决定竞争力》，第 32 ~ 33 页。
⑤ 孟亮：《大国策：通向大国之路的软实力》，人民日报出版社 2008 年版，第 29 页。

哪一部分为软权力。”对于其他国家申请加入欧盟这一现象，到底是市场准入的经济诱惑，还是欧洲成功的经济与政治制度的吸引，作者以土耳其为例认为，既有硬权力的利诱又有欧洲人权与经济自由榜样的吸引，这两种情况共存。① 作者的中文版文章也说，“劝说和以理服人是软实力很重要的组成部分，但并不是软实力的全部，诱惑和吸引的能力也是软实力”。“一些资源既可以生成硬实力，也可以营造软实力。比如，强有力的经济可以提供利诱他人的重要的胡萝卜，也可以作为发展的成功模式吸引他人。”②

　　作者对军事资源可以产生软权力的论述包括：认为军事资源只能产生硬权力的观点是错误的；指出“军威与军事能力有时也能产生软权力”，军队在抗击灾害中提供人道主义救援的卓越表现，军队之间的合作与培训项目等都可以提升一国的软权力；“当然，军事资源的滥用也会削弱软权力”。③

　　既然“经济力量既可以转变为硬权力也可以转变为软权力：你可以用制裁胁迫他国也可以用财富诱惑他们”，（经济）诱惑的能力也是“软实力”，军队在抗击灾害中可以提升国家的软权力。笔者有理由认为，约瑟夫·奈教授已经改变了过去将经济“诱惑”（inducement）和军事“保护”（protection）行为划为硬权力分析范畴的做法，又因为这两种行为对应的资源或政策是“收买”（payments）、“援助”（aid）

① Joseph S. Nye, Jr., "Think Again: Soft Power", http://www.foreignpolicy.com/articles/2006/02/22/think_again_soft_power? print = yes&hidecomments = yes&page = full, last accessed on 31 August 2010.

② 〔美〕约瑟夫·奈：《中国软实力的兴起及其对美国的影响》，《世界经济与政治》，赵明昊译、王缉思修订，2009 年第 6 期，第 7 页。

③ Joseph S. Nye, Jr., "Think Again: Soft Power", http://www.foreignpolicy.com/articles/2006/02/22/think_again_soft_power? print = yes&hidecomments = yes&page = full, last accessed on 31 August 2010.

和"结盟"（alliance）等，已经涉及有形的、物质性资源①，所以作者已经明确承认，经济与军事力量中的物质因素产生的无论是被称作"诱惑"也罢还是"吸引"也好，都属于软权力研究的领域。但是从"强有力的经济可以提供利诱他人的重要的胡萝卜，也可以作为发展的成功模式吸引他人"，作者解释欧盟的扩大，既有硬权力的利诱又有欧洲榜样的吸引，以及军队之间的合作与培训等都可以提升一国的软权力等表述看，约瑟夫·奈教授又认为经济力量中的物质诱惑依然属于硬权力的行使范畴，而经济与军事力量中的非物质因素才是软权力的吸引资源。尽管约瑟夫·奈教授的论述再次出现表述不严谨的瑕疵，但是总体而言，作者已经非常明确地将主要代表物质性力量的经济与军事资源纳入软权力的分析范畴。

2.3 笔者观点：从目的与手段区分软权力优于对资源形态的判断

实际上，根据约瑟夫·奈教授关于软权力就其行为而言是一种吸引权力，就其资源而言能够产生吸引力的资产是软权力资源的观点②，能够产生软权力的资源应该是包括物质与非物质、有形与无形的所有资源。作者关于特定权力行为与特定权力资源对应关系的观点从一开始就经不起推敲，因为事实上不仅完整的军事与经济力量不是单纯的物质与有形的资产，而且对于对由意识形态对抗、文化冲突等无形资源等引发的误解与对抗，作者的软权力理论显然也解释不了。还有被作者所津津乐道的，以美国音乐、好莱坞大片等大众文化为代表的美国软权力的吸引力有多么强大的分析，实际上也是值得商榷的，因为

---

① 此根据参见约瑟夫·奈教授绘制的，特定"power"行为与特定"power"资源与政策对照表，Joseph S. Nye, Jr., *Soft Power: The Means to Success in World Politics*, New York: Public Affairs, 2004, p. 8, p. 31。

② Joseph S. Nye, Jr., *Soft Power: The Means to Success in World Politics*, 2004, p. 6.

这些资源既属于文化范畴同时也是现代经济的力量①。如果宣称这是美国文化软权力的吸引，同时就得实事求是地承认这也是美国经济力量硬权力的诱惑。当然，并非所有的文化资源都能成为现实的经济力量，作为无形的、非物质性力量的文化对于塑造当今国际关系所发挥的重要作用也是有据可查的②。从2006年开始约瑟夫·奈教授对军事与经济力量也可以产生软权力事实的进一步强调，实际也等于认可了能够产生软权力的资源应该包括物质与非物质、有形与无形的所有资源这一观点。

据此，笔者认为，要从目的决定手段、手段依托的资源取决于客观背景的角度来理解软权力理论的意义。约瑟夫·奈教授对美国硬权力的霸道行为批评较多，但对他理想中的软权力理论抱有很大希望，其著书立说的意图就是既要达到美国预期的政策目标，也要尽量避免引发硬权力的冲突与对抗。从权力施动者的角度看，行使软权力的目的是软化别人，其手段就必须有助于实现这种目的。软权力理论对于权力施动者的引导意义，在于其吸引目的和非暴力手段不同于硬权力，制定、实施相关策略要充分考虑相关国家（软权力关系中的权力受动者）的实际需求、有分寸有计划地使用好这两种资源，而不是执着在有形与无形权力资源的形态之争上，迷失前进的方向。因为到底要使用无形的还是有形的资源只能具体问题具体分析，这是一个由权力关系背景决定的问题，而不是由主观意志选择的问题。

3　中国"文化软实力"的来源、特征和意义分析

3.1　探讨"文化软实力"的意义

将"文化软实力"作为教育部重大攻关项目研究的专著指出，

---

① 以电影业为例证明文化产业是美国经济重要支撑的数据参见花建《软权力之争：全球化视野中的文化潮流》，上海社会科学院出版社2001年版，第9页。
② 俞新天等：《强大的无形力量：文化对当代国际关系的作用》，上海人民出版社2007年版。

"目前对什么是'文化软实力',它与'软实力'的关系如何以及它有何特征等问题的研究,尚处在初级阶段"①。同时,笔者注意到,党的有关文献在使用"软实力"时,一般都表达为"文化软实力",既然"官方……没有就'软实力'给出明确的定义"②,所以"官方"也就不可能对"文化软实力"给出明确的定义。尽管近年中国学术界研究"软实力"的相关文献数量不少,但是关于"文化软实力"的研究还处于探索阶段,无标准答案参考。这说明,"文化软实力"值得深入研究,同时由于它是未知的领域又具有一定的研究难度,但是只要按照科学研究的程序和方法去探索,就可以为这一问题的最终解决提供有价值的资料。

"文化软实力"的提法已经写入了中央的相关文件,并以寄托民族复兴梦想的形式进入了中国文化建设的实践进程,这说明研究"文化软实力"的来源、特征及其对实践的指导意义已经成为我国政治学研究需要解答的时代要求。而"文化软实力"的提法,从字面意义上表明这是一种"软实力"。前文说过,对于"soft power"这一外来概念,国内学术界一直存在不同的翻译方法。但是不管是"软权力"、"软实力"还是"软力量"在学术上都源自"soft power"这一原始概念,在这一点上毫无疑问。所以,探索"文化软实力"的来源,首先需要搞清楚"软权力"、"软实力"与"软力量"三者之间的关系。根据前文的论述,有两点推论可知:"软实力"的翻译与软权力概念有一定的联系,但两者不可以简单等同;"软实力"的翻译不符合英文原文的含义,但在中国具有独立使用和研究的价值。

基于以上权力与实力概念的差异认识以及对约瑟夫·奈教授理论

---

① 骆郁廷等:《文化软实力:战略、结构与路径》,中国社会科学出版社 2012 年版,第 5 页。

② 〔美〕约瑟夫·奈:《中国软实力的兴起及其对美国的影响》,《世界经济与政治》,赵明昊译、王缉思修订,2009 年第 6 期,第 9 页。

原文的解读，笔者尝试将"软实力"这一有别于软权力的概念界定为，实力资源拥有者（例如国家、地区、某些个人）在自身资源（如文化、宗教、个人魅力、制度与政策等无形资源）不断积累和完善的基础上、对相关行为主体采取传播、交流、宣传、说服、吸引、展示等非强制手段，以达到以消除隔阂、增进理解与合作为主要目的的一种能力。这种新内涵的界定，已经极大淡化了约瑟夫·奈教授的权力政治色彩。脱离约瑟夫·奈教授理论语境的"软实力"概念，所体现的政治性、目的性、意向性和实效性等特征较软权力都微弱得多。反映中国政治文化、寄托民族复兴梦想的"软实力"概念重在自身资源的建设和积累，其对外的辐射能力也主要是以增进理解与促进合作为主，而不是如软权力那样在迷人的外表下以控制别人达到自己的政治目的为存在理由。

对应前文的英文词典释义，笔者认为"软实力"这一具有中国本土化特色的概念在本质上对应的是"power"在"影响力"（influence）层面的含义，而非"power"在"控制力"（control）层面的意义。

3.2 "文化软实力"概念产生的学术来源和现实土壤

根据前文的分析，笔者认为"文化软实力"的提法首先表明这是一种"实力"理论而非"权力"理论。而中国的"软实力"理论是对约瑟夫·奈教授"软权力"原创理论的吸收和改进，目的是使之更加符合中国国情和政治文化。所以，从学术来源看，"文化软实力"的概念来源于约瑟夫·奈教授的文化软权力学说。

从学理关系看，"文化软实力"概念的产生，无疑是参照了约瑟夫·奈教授的文化软权力学说。以国家为权力行为主体，约瑟夫·奈教授认为文化是国家重要的软权力来源。"一个国家的软权力主要依赖于三种资源：其文化（对他者具有吸引力的地方），其政治价值观（当满足国内外期望的时候），其对外政策（当被视为合法和具有道德权威的时候)。"那么,何为文化呢?他说:"文化是为社会创造意义的一系列价值观和实践。"① 很显然,约瑟夫·奈教授的文化观是广义的文化概念,当他的文化界定范围扩展到价值观也包含对外政策的实践应用时,实际上他划分的国家软权力资源就不是以上三种了,而只能是一种资源,即国家的软权力资源依赖于除军事和经济实力之外的广义文化。按照这样的叙述逻辑,约瑟夫·奈教授的理论可能会被简化为,国家的硬权力(准确地讲是硬权力资源)就是军事和经济,而国家的软权力(准确地讲是软权力资源)就是指文化。笔者不赞成这种过度简化外来理论原义的做法,但是它将"国家"、"文化"和"软权力"这三种要素快速组合在一起,为中国"国家文化软实力"的产生提供了最直接的思路。

作为一个借鉴外来文化学说的概念,能够在中国被写入重要的国家级决策文件,说明"文化软实力"概念找到了进一步发展的现实土壤。这首先与"软实力"概念的本土化有关。"软实力"这一概念在中国的流行与单独使用,说明除了少数研究者对约瑟夫·奈教授的系列论著误读这种情况之外,它被更多的中国学者界定为主要研究某种资源而基本不涉及利用这种资源达到权力征服目的的另一种中国式术语,目的是避免赋予研究对象过度的权力化特征②。换句话说,由于外来"软权力"学说被发展中国家发展成为另一种本土化版本"软实力",才引发了中国的关注热潮,而不能将学术界推崇和媒体炒作的

① Joseph S. Nye, Jr., *Soft Power*: *The Means to Success in World Politics*, New York: Public Affairs, 2004, p. 11.
② 国内有不少研究者认为约瑟夫·奈教授的"soft power"应译为"软权力",而"软实力"与"软力量"是脱离约瑟夫·奈教授的理论语境的,但后两者的翻译是具有中国政治内涵的新概念。例如,李智《软实力的实现与中国对外传播战略——兼与阎学通先生商榷》,《现代国际关系》2008年第7期;郭洁敏《当前我国软力量研究中若干难点问题及其思考》,《社会科学》2009年第2期。

表面现象解释为引发热潮的原因。

其次，"文化软实力"概念生发的现实土壤还与中国目前对"文化"的内需追求有关。抛开约瑟夫·奈教授在论述美国大众文化时念念不忘向全世界传播西方人权、民主等价值观的使命，中国目前对文化的迫切需求是，以大力提高本国的文化实力为手段，快速建立大国甚至强国的文化自信，以满足人民文化消费的内需为首要任务，适度考虑文化的对外辐射和吸引。

中国需要和平发展，就不能走西方列强在历史上依靠"硬权力"争霸世界的道路，而将"软权力"作为民族复兴之道，由于权力具有控制别人的本质属性，在理论上也难以有效消除"中国威胁论"的阻力。在这种情况下，"文化软实力"的强国之道成为一种现实的必然选择。

3.3　中国"文化软实力"建设的实践特征和意义

尽管"文化软实力"的原型可以追溯到约瑟夫·奈教授的文化软权力理论，但是中国的"文化软实力"建设进程具有不同于美国文化软权力传播的若干特征。

2007年党的十七大报告指出，"提高国家文化软实力，使人民基本文化权益得到更好的保障"，"文化越来越成为民族凝聚力和创造力的重要源泉、越来越成为综合国力竞争的重要因素"[①]。2011年10月，党的十七届六中全会做出了《关于深化文化体制改革推动社会主义文化大发展大繁荣若干重大问题的决定》，再次强调提高国家"文化软实力"对于社会主义现代化建设和中华民族伟大复兴的重要意义。2012年11月，党的十八大报告指出，文化是民族的血脉，是人民的

---

① 胡锦涛：《高举中国特色社会主义伟大旗帜 为夺取全面建设小康社会新胜利而奋斗——在中国共产党第十七次全国代表大会上的报告》，人民出版社2007年版，第33页。

精神家园，全面建成小康社会，实现中华民族伟大复兴，必须推动社会主义文化大发展大繁荣，兴起社会主义文化建设新高潮，提高国家"文化软实力"，发挥文化引领风尚、教育人民、服务社会、推动发展的作用。①

从以上按时间排序的材料可以看出，中国"文化软实力"建设具有这些特征："文化软实力"建设从始至终的目的是满足人民文化消费的内需，以提高凝聚力、创造力为驱动，构筑人民的精神家园；国家是推动文化振兴的主体；把文化作为民族发展加快、竞争力提高的推动要素，不将自己的价值强加于外人。

有学者指出，"我国所讲的文化软实力，既是讲文化的国际吸引力，更是讲文化的内部凝聚力，是文化的内部凝聚力和外部吸引力的统一"。"在此必须指出的是，我国在中国特色社会主义实践中提出的'文化软实力'，同约瑟夫·奈所讲的'软实力'有着根本区别。"②在笔者看来，约瑟夫·奈教授的理论本来就是权力论而非实力论，他的文化软权力学说当然不同于"以尊重差异、包容多样为基础"的中国之"文化软实力"理论。所以说，经过重新界定的"文化软实力"理论适应了目前中国和平发展的现实战略需要，依据这一理论制定的决策，对内有利于满足人民对精神家园建设的渴望，对外也有利于减少误解消除隔阂。这是具有中国含蓄文化诉求的"文化软实力"理论指导中国文化建设的最基本的现实意义。

根据以上分析，笔者尝试将中国的"国家文化软实力"界定为，在国家大力推动和党的领导之下，在社会主义文化快速发展和先进性

① 胡锦涛：《坚定不移沿着中国特色社会主义道路前进　为全面建成小康社会而奋斗——在中国共产党第十八次全国代表大会上的报告》，人民出版社 2012 年版，第 30 页。
② 骆郁廷：《文化软实力：基于中国实践的话语创新》，《中国社会科学》2013 年第 1 期，第 21～22 页。

不断增强的基础之上，以满足人民文化消费的内需为立足点，通过教育培养、自主创新、交流借鉴、传播推广、吸引包容等方式，以实现对内提高凝聚和自信，对外增进理解与合作的一种国家文化软实力。

第六节　本章小结

为了从整体上把握约瑟夫·奈教授软权力理论的实质内涵，本章主要依据他的原始文献，对其理论发表20年来的发展脉络进行了梳理，并搜集整理了作者关于软权力理论表述的核心观点。在借鉴中外学者研究的基础上，笔者参考了界定社会科学理论的有关标准，对约瑟夫·奈教授软权力理论中的合理成分给予了肯定和继承，对其主观道德色彩的内容进行了批评和剔除，从而提出了经过修正的软权力概念。在此基础上，本章对学术界关于软权力理论争议较大的三个问题——软权力概念汉译之争、软权力资源界定之争与"文化软实力"含义解释之争，逐一进行了分析，并提出了笔者的见解。

尽管约瑟夫·奈教授的软权力理论存在不少缺陷，但是国际政治中也存在软权力理论可以解释的现象。一个不该忽视的事实是，软权力理论存在的合理性与欧盟扩大相关。笔者提出的软权力概念是否具有科学性，也需要经过欧盟案例的检验。为了从理论角度深刻解读欧盟的软权力，笔者需要建立欧盟扩大的软权力分析框架，这是本书在第四章准备探讨的内容。

第四章　欧盟软权力研究的分析框架

第一节　软权力与欧盟扩大的相关性

硬权力之所以被现实主义者大力推崇，除了国际关系理论流派之间的认识分歧之外，还与人类历史上充满的暴力争斗、权力政治等实际状况有很紧密的联系。霍尔斯蒂曾经潜心研究了 17 世纪至冷战结束这段时间人类和平与冲突的历史，但是对这段将近四百年人类史实的解读，反而从严肃的学术层面，增加了对人类和平前途的悲观认识。霍尔斯蒂将人类历史上在战争结束以后形成的和平策略总结为三种：惩罚和优势威慑；均势策略；国际体系的转型。霍尔斯蒂研究发现，惩罚和优势威慑的策略，被历史证明是最为无效的实现和平的方法；均势策略比惩罚和优势威慑策略要可靠一些，但是因其忽视相互妥协的现代正义观，所以也不能实现持久和平；第三种策略，通过国内民主的方式创建一个全新的制度和程序来实现和平与国际体系的转型，作者认为这种策略具有比前两种策略更大的实现难度。①

但是国际政治的现实也不完全是永无休止的冲突与争斗，国际政

---

① 〔加〕霍尔斯蒂：《和平与战争：1648～1989 年的武装冲突与国际秩序》，王浦劬等译，北京大学出版社 2005 年版，第 303～305 页。

治中的合作与和平共处在历史上本来就存在。冷战结束以后，这种现象越来越明显地成为世界政治的主流。虽然距离实现世界的永久和平还有很长的路要走，但是二战后欧洲国家通过建立各种制度与程序，在欧盟成员国之间，实现了比较持久的和平，这是有目共睹的事实。对此，软权力理论的创立者、美国学者约瑟夫·奈教授给予高度评价，他看到历经数百年相互征战的欧洲大陆，如今已成为和平与繁荣之岛，欧洲因其积极的形象而令世人刮目相看。冷战结束之后，波兰、捷克等中东欧国家不仅在政治上要求"重返欧洲"，而且在制度与组织形式方面强烈要求加入欧盟，这足以体现欧盟软权力的魅力。① 欧盟的成功不仅给欧洲大陆带来了经济繁荣，而且还帮助越来越多的欧洲国家实现了相对持久的和平②。一个不容忽视的现象是，二战后欧盟存在和不断扩大的事实，为反思和纠正霍尔斯蒂关于人类持久和平的悲观判断提供了新的现实素材。

欧盟的成功实践证明了通过软权力理论所强调的说服、吸引、合作、吸纳等非强制的手段，在当今的国际环境下同样可以维护国家的政治、经济和安全利益。因此，约瑟夫·奈教授所提倡的软权力理论，与欧盟的史实特别是其扩大史实，具有高度的相关性。前文已经指出，约瑟夫·奈教授文献中的"软权力"一词，有时候指的是一种权力行为，有时候指的是这种行为所依赖的某种资源，具体指代何者需要根

---

① 〔美〕约瑟夫·奈:《软力量：世界政坛成功之道》，吴晓辉、钱程译，东方出版社 2005 年版，第 85 页。

② 有学者选用欧洲边缘地带的个案，研究欧洲化与冲突解决的关系，指出事实上欧洲化并非完全与欧洲冲突和解的大方向相吻合。但是笔者认为欧洲边缘地带个案的选择，本身就限制了欧盟因利益与能力的局限所能发挥和平解决冲突的作用。即便如此，这些研究者也承认欧盟境内的许多民族与边界问题，例如德国与周边邻国的关系问题等都在当代欧洲的背景下得到了和平解决。具体请参见〔比〕布鲁诺·考彼尔特斯、宋新宁主编《欧洲化与冲突解决：关于欧洲边缘地带的个案研究》，宋晓堃译，法律出版社 2006 年版。

据上下文来判断。由于欧盟扩大代表了典型的软权力行为，而欧盟软权力资源却众说纷纭，本文需要从欧盟软权力资源的论证开始。

第二节　界定欧盟的软权力资源

1　从欧洲的软权力资源说起

约瑟夫·奈教授在探讨欧盟的软权力时，没有区分欧盟组织的软权力与欧盟成员国所拥有的软权力之间的差异，也没有考察欧盟的软权力与非欧盟成员国的那些欧洲国家的软权力有何异同，而是将这些分别代表整体与部分、普遍与特殊不同行为体的表现都笼统地称为欧洲的软权力。[①] 由于作者将欧盟的软权力研究包括在对欧洲的软权力论述之中，为了更好地理解约瑟夫·奈教授关于欧盟软权力的分析，笔者需要从约瑟夫·奈教授关于欧洲软权力的描述中探寻欧盟的软权力资源。

根据约瑟夫·奈教授关于软权力的界定，一个完整的软权力概念既包括软权力资源也包括软权力行为。他还说软权力就其行为而言是一种吸引权力，就其资源而言，能够产生吸引力的资产就是软权力资源。笔者认为，在现实的国际政治中能够对他国产生吸引的资源应该是包括物质与非物质、有形与无形的所有权力资源。这就是说，软权力资源是指权力施动者能够对权力受动者产生吸引的实物或非实物的东西；而软权力行为的实现过程就是指由于权力施动者的资源对权力受动者产生了吸引，权力受动者为了得到这些资源而自愿做出符合权力施动者预期的一系列改变，在这一互动的过程中权力施动者的预期

---

① Joseph S. Nye, Jr., *Soft Power: The Means to Success in World Politics*, New York: Public Affairs, 2004, pp. 75 – 83.

目标得以实现。通常情况下，约瑟夫·奈教授在谈及某个国际行为体的软权力时，也习惯从该行为体的软权力资源说起，作者对欧洲软权力的论述也保留了这个特点。

约瑟夫·奈教授在论述欧洲的软权力时，首先提到的是被他一直寄予厚望的欧洲文化的吸引力。他认为许多欧洲国家的软权力在于其强烈的文化吸引力，以语言为典型代表：在全世界使用最广泛的十种语言中，欧洲的语言就占二分之一；伊比利亚半岛与拉丁美洲联系依靠的是西班牙语和葡萄牙语；英国的英语连接了美国，也连接了许多遥远的英联邦国家；法国的法语连接了 50 多个讲法语的国家。[1]

可是，语言的广泛传播就一定说明这个国家软权力强大吗？众所周知，那些远离英国本土的英联邦国家，以及当今强大而富庶的美利坚合众国之所以直到今天还讲英语，根本原因是"日不落帝国"殖民世界的历史产物，而不是英国本身的语言文化有多少吸引力。无独有偶，今天非洲的不少国家之所以讲法语，拉丁美洲的很多国家之所以讲西班牙语和葡萄牙语，其实并不是因为法语、西班牙语或葡萄牙语本身的魅力使其成为这些国家的通用语言。世界近现代史的基本常识告诉我们，法国人、西班牙人和葡萄牙人的前辈曾在几个世纪之前，用坚船利炮和殖民贸易统治、掠夺了这些国家。这些国家的官方语言作为西方殖民者统治的工具保留下来是历史的惯性，改变的成本要大于保留现状的收益，所以殖民的历史结束了，殖民国家的语言却留在了当地。对当时的殖民地国家和人民而言，血腥的奴隶贸易、不平等的经济交换经常对殖民地人民的生存构成威胁，在那种情况之下，宗主国的语言可能对当地的人民产生吸引力吗？历史事实证明，即使殖

---

① 〔美〕约瑟夫·奈：《软力量：世界政坛成功之道》，吴晓辉、钱程译，东方出版社 2005 年版，第 83 页。

民地与宗主国使用同一种语言，决定殖民地国家对外政策的主要是该国的国家利益，而非宗主国语言文化的吸引。

第二次世界大战结束之后，大批自治领与殖民地国家纷纷独立，其中很多国家的人民不惜以生命为代价而选择摆脱宗主国的统治。这再次证明欧洲宗主国的语言文化对殖民地人民并不存在吸引，真正吸引他们的是自由、独立和平等。在欧洲国家殖民体系崩溃的当代，在和平与发展成为世界主题的国际环境中，亚非拉等第三世界的国家愿意与原宗主国保持政治、经济和文化联系，不是因为原宗主国的语言文化魅力无穷，而是这些国家在保持民族独立的前提下，追求自身政治与经济利益的表现，共同的语言遗产只是提供了交流的便利，并不能代表第三世界国家对外政策的实质内容。同样的道理，近年英国在对外政策上，例如发动伊拉克战争、参加对塔利班武力打击等方面对美国政府亦步亦趋，并不意味着美式英语要取代英国皇家英语，而是英国想借助美国的力量捞取更多的现实利益。研究国际文化的学者指出，即使一个国家采用了其他国家的语言，也不见得就会有文化价值观的认同，例如英语是印度的官方语言，然而英国对其超过百年的殖民统治，却未能消减印度的民族自尊和爱国情感；韩国奉行的是西方的价值观，但是其民族文化的自豪感却深入人心。这也说明，即使价值观相同的国家也有不同的国家利益①

约瑟夫·奈教授似乎也觉察到了这一点，所以紧接着又说，软权力并非依赖于语言的使用②，为自己无法证实也不打算去做科学论证的语言文化学说打了圆场。至于约瑟夫·奈教授提到的欧洲在艺术、

---

① 俞新天等：《强大的无形力量：文化对当代国际关系的作用》，上海人民出版社 2007 年版，第 11 页。
② 〔美〕约瑟夫·奈：《软力量：世界政坛成功之道》，吴晓辉、钱程译，东方出版社 2005 年版，第 84 页。

文学、音乐、设计、时装和美食等方面的软权力资源①，笔者并不否
认，这些资源对于相关领域的艺术家、文学家、音乐制作人、时装设
计师和旅游爱好者而言，一定具有相当程度的吸引力。但是作为国际
关系领域的知名学者，约瑟夫·奈教授提出的软权力理论是为了实现
国家对外政策的既定目标，其著书立说的目的之一还包括给当今的民
族国家指出一条运用软权力就能找到的"世界政坛成功之道"。理论
研究的科学性应该具有重要和深刻的含义，必然要求理论与大量重要
的问题相关联，也要尽可能多地解释和理解它声称研究的现象。② 然
而，约瑟夫·奈教授十分坦白地承认，自己对于欧洲文化软权力的分
析恰恰是从"个人角度"（taken individually）③ 展开的。能否将这些
大众化层面的资源，上升到国际政治的层面，让这些大众文化的吸引
力达到作者所期望的改变他国政策的程度，对于这一关键问题，约瑟
夫·奈教授并没有进行实证分析，而是采取了回避的做法。

　　尽管有论证上的一些缺陷，但是约瑟夫·奈教授毕竟是软权力理
论的权威代表，他也确实发现了对于欧盟扩大这样的重大事件是能够
使用软权力理论进行解释的这一重要线索，因此笔者的分析必须关注
约瑟夫·奈教授关于软权力理论与欧盟扩大之间关系的研究。

2　软权力理论与欧盟扩大的关系

　　为了进一步做好对欧盟软权力研究的理论分析，笔者需要从软权
力理论的权威著述中去寻找研究的突破口。约瑟夫·奈教授认为，欧

---

① 〔美〕约瑟夫·奈：《软力量：世界政坛成功之道》，吴晓辉、钱程译，东方出版社 2005
年版，第 83 页。
② 吴勇、宋德星：《中文版译者序言：国际关系学的学科、理论、方法论与新议题》，见
〔加〕罗伯特·杰克逊、〔丹〕乔格·索伦森《国际关系学理论与方法》，吴勇、宋德星
译，天津人民出版社 2008 年版，第 11 页。
③ Joseph S. Nye, Jr. , *Soft Power: The Means to Success in World Politics*, New York: Public
Affairs, 2004, p. 75.

盟自身具有相当大的软权力，欧盟是欧洲统一的象征。他指出，在 20
世纪 80 年代晚期，东欧人在追求经济发展、平等、民主与个人自由的
选择上，西欧比美国更受欢迎，在这方面就连亲美的波兰也不例外。
约瑟夫·奈教授看到，冷战结束以后，申请加入欧盟对于中东欧国家
具有很大的吸引力，为此这些新独立的国家按照欧盟的标准调整了各
自国家的政策和法律。[①] 约瑟夫·奈教授引用历史学家提摩西·嘉
顿·艾旭（Timothy Garton Ash）的观点，强调欧洲的[②]"软权力不仅
通过数百万民众个人，而且通过国家群体都想加入来体现，土耳其就
是一例"。约瑟夫·奈教授补充，土耳其政府能够通过困难重重的立
法来削减军权对于政治的影响并提高人权纪录，足见其加入欧盟动机
的强烈。[③] 这充分表明，欧盟的软权力资源，不仅能够吸引与西欧有
着相似文明的中东欧国家，而且也能够吸引像土耳其这样有着伊斯兰
传统的非基督教文化国家。

　　欧盟在历史上出现的几次扩大，都是欧盟对相关的欧洲国家产生
了强烈吸引，促使那些国家主动、自愿申请加入的，而不是欧盟采取
强人所难的手段，进行硬权力威胁的结果。承认这一事实，从软权力
的角度看，就意味着欧盟的和平扩大，关键是欧盟所掌控的权力资源
对欧洲相关国家发挥了吸引作用。约瑟夫·奈教授指出，欧盟深知自
己拥有软权力之牌，实际上欧盟已经用此来获取有利于自己的政策结
果。[④] 欧盟与各个申请国经过谈判、协商，相关国家主要按照欧盟意

---

① 〔美〕约瑟夫·奈：《软力量：世界政坛成功之道》，吴晓辉、钱程译，东方出版社 2005
　年版，第 85 页。
② 此处原文为"Europe's"，根据笔者对上下文的理解，此处应为"the EU's"——"欧盟
　的"，这再次证明在约瑟夫·奈教授眼里，欧洲的软权力与欧盟的软权力是混为一谈的。
③ Joseph S. Nye, Jr., *Soft Power: The Means to Success in World Politics*, New York: Public
　Affairs, 2004, pp. 77 – 78.
④ Joseph S. Nye, Jr., *Soft Power: The Means to Success in World Politics*, New York: Public
　Affairs, 2004, p. 78.

图重新调整了自己国家的内外政策，这说明欧盟与相关申请国发生了软权力的互动行为。其中大多数申请国最终实现了加入欧盟的愿望，这意味着欧盟的软权力行为最终产生了符合欧盟预期的政策结果。从软权力的角度分析，欧盟扩大的史实具有三个特征：一是欧盟的软权力资源的确发挥了吸引作用；二是欧盟使用的非强制性手段达到了欧盟预期的政策目标；三是申请国最后都是以和平、合作的方式加入了欧盟。

但是约瑟夫·奈教授关于欧盟扩大的解释仍然是不深刻、不全面的，他的研究只是承认欧盟使用了非强制性的手段取得了和平扩大的结果，他始终没有解释欧盟吸引其他国家争相加入的软权力资源到底是什么，更没有进一步考察这些资源是在什么样的情境下发挥了吸引作用等一系列重要的理论问题。如前文所述，由于笔者无法从欧洲的历史中找到能够充分证明欧洲的语言、文化、文学、艺术、音乐、时装和美食等产生的吸引是促成欧盟扩大的经验证据，也无法从约瑟夫·奈教授的分析中找到相关的实证研究资料，因此笔者不能将约瑟夫·奈教授所言的欧洲的大众文化看作欧盟吸引其他国家加入从而实现扩大的软权力资源。

约瑟夫·奈教授还说，欧洲国家的许多国内政策对现代民主国家的年青一代具有吸引力，例如在诸如死刑问题、枪支控制、气候变化和同性恋权利等方面，欧洲的政策比美国的政策更可能吸引富裕国家的年青一代。[①] 但是欧盟扩大的史实表明，申请加入欧盟的很多国家（例如中东欧国家）既不是富裕国家，在很长时期内也不是现代意义上的"民主国家"，所以约瑟夫·奈教授的欧洲国内政策学说，也显

① Joseph S. Nye, Jr., *Soft Power: The Means to Success in World Politics*, New York: Public Affairs, 2004, p. 79.

然不能作为欧盟扩大的软权力资源来分析。

　　既然没有证据表明，中东欧国家以及像土耳其这样的伊斯兰国家之所以积极申请加入欧盟，主要是因为仰慕欧洲的大众文化，这就说明欧盟在扩大的过程中拥有自己独特的软权力资源。那么欧盟的软权力资源何在？欧盟吸引他国追随的动力何在？由于在现实的国际政治中，处于弱势地位的国家总是被居于强势地位的国家或国家集团所吸引，从而产生追随与模仿。笔者据此认为，欧盟的吸引力在于其在各个发展阶段所展示的榜样作用，所以只能从欧盟不断成功的方面去寻找答案。

3　欧盟的成就及原因探寻

　　首先可以肯定的是，在战后西欧大陆建立的欧盟，虽然历经挫折，但总体而言，是在不断取得进步的，其成就是有目共睹的。由最初的6个创始国在20世纪50年代建立欧洲共同体，经过20世纪70年代、80年代、90年代以及21世纪10余年的多次扩大，如今已经发展成为一个拥有28个成员的欧盟组织（此数字包括2013年加入欧盟的克罗地亚和2016年6月经过公投表示要脱离欧盟的英国，后者目前还未启动脱欧的正式谈判，所以仍计算在内。）。

　　欧盟50多年一体化的发展，不仅使西欧国家避免了战后的衰落，成为欧洲的重要力量，而且日益在世界政治舞台上发挥重要的作用。1990年，欧共体12国的国内生产总值超过美国，出口总额跃居世界第一位；1995年欧盟15国的国内生产总值占全球生产总值的近1/3，明显超越同年美国的国内生产总值。[①] 由于这个组织整体的政治与经济影响远远超过组成它的单个国家，因此对于处于这个组织以外的欧

---

　　① 陈新：《欧盟东扩：历史性的挑战与机遇》，见郑秉文主编《欧洲发展报告 No. 7（2002—2003）》，社会科学文献出版社2003年版，第7页。

洲国家"具有越来越大的吸引力"①，就连历史上曾经反对一体化形式的国家也迈过了政府间协议的门槛加入其中②。一位研究欧盟扩大的伯明翰大学的学者指出，"事实上这个世界上的每个国家都感到有必要重新评估它与欧盟之间的关系，对于欧洲国家而言，欧盟成员国的正式身份已经越来越被视为最好的选择"③。

欧盟吸引他者的东西，必定是那些能够不断促进欧盟取得成功，并令他者心向往之但自身又缺乏的东西，这些才是欧盟吸引他国不断加入的软权力资源。那么，欧盟成功的原因何在？到底是什么因素促使欧盟取得了令欧洲人自豪，也使世人赞叹不已的成就呢？欧洲人自己的解读可做有价值的参考。

法国史学家法布里斯·拉哈将欧盟成功的原因归结为经济、制度与结构平衡三个方面。从经济方面看，欧盟将经济领域的行动能力置于共同的管理之下，在宏观层面上保持了成员国的国家利益与共同体的集体利益之间经常性的对话，这一方法既能发掘集体利益又能尊重民族差异，同时还为欧盟确立自身身份创造了条件；在微观层面上，经济合作能够调动各个利益阶层的积极性，获得来自行业组织、工会和其他经济与社会生活代表的大力支持。从制度上分析，代表普遍利益的制度与机构，强化了一体化的动力，确保了共同体的协调一致与持续稳定，从而凭借意志开创了一种欧洲秩序。除了经济与制度的因素外，组织结构上的平衡也起了重要作用，创始6国的同质性保持了新实体最小限度的协调一致，各成员国地位平等的创始原则强化了成

① 陈乐民：《东欧剧变与欧洲重组》，世界知识出版社1991年版，第72页。
② 〔意〕翁贝尔托·特留尔齐：《原版序言》，见〔意〕翁贝尔托·特留尔齐《从共同市场到单一货币》，张宓、刘儒庭译，对外经济贸易大学出版社2008年版，第1页。
③ John Redmond："Introduction", in John Redmond's（edits），*The 1995 Enlargement of the European Union*, Aldershot：Ashgate，1997，p. 2.

员国之间的同质性，避免了尖锐的不对称，同时这种结构又存在足够的灵活性，能够发起动议，确保一体化良好运转并在集体决策时形成多数派中坚的联合，这比一般的合作更能抓住眼前的发展机会。①

意大利学者认为，欧盟成功的原因在于欧盟将追求经济利益与捍卫和平、民主、自由与欧洲安全的价值观相结合。② 在欧盟东扩前夕，德国学者呼吁，要把欧洲统一所带来的经济优势作为继续扩大欧盟的理由，不能离开大大超出经济范畴的文化的凝聚力，作者所指的文化凝聚力就是价值趋同下的欧洲的生活方式。③

欧洲学者对于欧盟成功原因的解释因侧重点不尽相同而存在差异，但是概括起来，最重要的有三点：一是各成员国以集体合作而不是相互隔绝或对抗的方式，成功摆脱了困扰欧洲国家数百年之久的安全困境；二是各成员国以不断深化与扩大的合作方式，成功实现了各国经济的持续发展与繁荣；三是欧盟在实践中创建并继续完善一系列具有超国家性质的机构与制度，旨在实现利益最大化和与价值追求（和平、民主、自由、安全等）相契合的各种政策目标。这三种因素的结合，帮助欧洲国家先后实现了二战后欧洲人民向往内部和平的安全利益、渴望战后繁荣的经济利益和提高欧洲影响力的政治利益。可以看出，欧洲人认为自己成功的因素除了能够解决经济发展问题之外，还与他们追求的价值观、生活方式等非物质的、无形的资产有关。

这就意味着，欧盟发挥影响力的权力资源，以经济成就为代表主

---

① 〔法〕法布里斯·拉哈：《欧洲一体化史（1945—2004）》，彭姝祎、陈志瑞译，中国社会科学出版社2005年版，第120～122页。

② 〔意〕翁贝尔托·特留尔齐：《原版序言》，见〔意〕翁贝尔托·特留尔齐著《从共同市场到单一货币》，张宓、刘儒庭译，对外经济贸易大学出版社2008年版，第1页。

③ 于尔根·哈贝马斯：德国《时代》周刊，2001年第27期，曹卫东译。转引自童世骏、曹卫东编《老欧洲新欧洲——"9·11"以来欧洲复兴思潮对美英单边主义的批判》，华东师范大学出版社2004年版，第4页。

要展现了有形的、物质性因素，以和平观念、民主制度等为代表主要展现了无形的、非物质性的资产。由于欧盟在大多数情况下是使用非强制性手段调动这些资源的，据此笔者推导出，欧盟软权力资源既包括有形的、物质性的资产，也包括无形的、非物质性的内容。这些资源能够上升到吸引其他主权国家主动加入欧盟的权力层面，是因为其构成了申请国当时所主要追求的国家利益。

从欧洲学者研究文献中推导出的欧盟软权力资源，是否能够在欧盟扩大的史实当中得到检验，笔者需要建立研究欧盟扩大的软权力分析框架，才能对相关问题做出解答。

第三节　欧盟扩大的软权力研究框架

1　研究假设的提出

欧盟的软权力体现在，对相关国家具有吸引力及其渴望加入欧盟的强烈愿望和实际行动上，这一点无论是欧洲领导人，还是约瑟夫·奈教授都是承认的。[①] 这说明，笔者使用约瑟夫·奈教授的软权力理论来分析欧盟扩大，具有理论的适用性。约瑟夫·奈教授认为，完整的软权力概念既包括软权力资源也包括软权力行为。欧盟四次扩大的事实体现出欧盟在扩大过程中的行为具有非强制性的特点，也说明欧盟期望的软权力结果已经实现。但是这个事实本身并不能说明欧盟在扩大的过程中，其软权力资源是如何发挥吸引作用的。因为事实本身

---

① 原文为 "European leaders describe other countries' desire to accede to the European Union（EU）as a sign of Europe's soft power"，前文多次提到约瑟夫·奈教授对于欧洲与欧盟的概念是混用的，笔者认为此处严格的说法应是 "欧盟的软权力"，详见 Joseph S. Nye, Jr., "Think Again: Soft Power", http://www.foreignpolicy.com/articles/2006/02/22/think_again_soft_power? print = yes&hidecomments = yes&page = full, last accessed on 31 August 2010。

是不能进行自我解释的①，所以需要理论的解释。因此，应用约瑟夫·奈教授的软权力理论，分析欧盟在不同扩大时期软权力资源吸引作用的动态变化，成为本书的研究任务。约瑟夫·奈教授对于欧盟扩大的解释充其量只能说明，欧盟扩大的案例可以使用软权力理论进行阐述与分析，但是他解释不了欧盟软权力的资源到底是什么以及这些资源发挥吸引作用的具体机制等这些重要的学术问题。

尽管约瑟夫·奈教授强调，不同的权力资源是由不同的权力关系背景决定的，但是他并没有将欧洲的文学、艺术、语言、时装、设计、美食等所谓的"欧洲"软权力资源置于具体的权力背景之中进行严格论证，而是选择一个与权力关系毫无联系的纯文化背景，空发议论而已。正是由于约瑟夫·奈教授在讨论软权力资源的时候脱离了政治权力关系背景，所以一旦将软权力资源的讨论与具体的权力行为相联系的时候，他对于自己一向推崇的软权力的无形资源，变得不那么信心满怀了。当约瑟夫·奈教授最后无法绕开对欧盟扩大的软权力资源讨论时，就显得困惑重重，"现实世界的很多情况，有时很难区分经济关系中到底哪一部分为硬权力，哪一部分为软权力"，对于欧洲国家申请加入欧盟这一现象，到底是市场准入的经济诱惑，还是欧洲成功的经济与政治制度的吸引，他以土耳其为例认为，可能既有硬权力的利诱，又有欧洲人权与经济自由榜样的吸引。②

---

① 吴勇、宋德星：《中文版译者序言：国际关系学的学科、理论、方法论与新议题》，见〔加〕罗伯特·杰克逊、〔丹〕乔格·索伦森《国际关系学理论与方法》，吴勇、宋德星译，天津人民出版社 2008 年版，第 11 页。
② 原文根据："Sometimes in real-world situations, it is difficult to distinguish what part of an economic relationship is comprised of hard and soft power. ……Turkey today is making changes in its human rights policies and domestic law to adjust to EU standards. How much of this change is driven by the economic inducement of market access, and how much by the attractiveness of Europe's successful economic and political system? It's clear that some Turks are replying more to the hard power of inducement, where as others are attracted to the European model of human rights and economic freedom." Joseph S. Nye, Jr., "Think Again: Soft Power", ibid.

依据本书的推导，欧盟的软权力资源既包括有形的、物质性资产，也包括无形的、非物质性内容。约瑟夫·奈教授也提出了关于欧盟扩大既有物质吸引又有制度吸引的这一假设。因此，笔者需要利用欧盟扩大的历史资料，对欧盟的软权力资源在不同扩大时期所发挥的具体作用进行考察，从而对约瑟夫·奈教授的理论缺陷进行修正，也可以将欧盟扩大既有物质吸引又有制度吸引的这一笼统表述，落实在从 20 世纪 70 年代开始的欧盟扩大到 21 世纪东扩的具体阶段分析上，从而更好地推进理论与事实分析相结合的国际问题研究。

2 软权力理论分析的可操作化处理

2.1 软权力关系存在的判定

根据笔者前文对约瑟夫·奈教授软权力理论的修正与补充，权力施动者与权力受动者之间存在软权力吸引关系的基本条件是，前者对后者提供的资源必须是后者需要的，而且前者对后者使用的是后者能够接受的非强制性手段。如果权力施动者对权力受动者提供了其并不需要的资源，则前者对后者的吸引关系就很难建立。如果权力施动者为权力受动者提供了其需要的资源，但是如果后者在当时的情况下并没有认识到这种需要，并没有打算接受，或者是采取无所谓的态度，甚至采取拒绝或抵制前者的态度，那么这两者间的软权力吸引关系也不明显，或者根本不存在。如果在权力受动者采取抵制行为的情况下，权力施动者还要施加强制性手段，那么即使权力施动者提供的资源是权力受动者客观需要的，无论这是无形资源还是有形资源，它们之间的权力关系都很可能转变为强制性对抗的硬权力关系，而不是软权力的吸引关系。只有在权力施动者为权力受动者提供了其需要的资源，而且其行为可以在非强制性的范围内保持适当使后者认识到对这种资源的需要从而对权力施动者产生认同和追随，权力施动者对权力受动者的软权力吸引关系才可以建立起来。本书对欧盟扩大软权力的分析，皆以此设定来判定软权力关系的存在。

2.2 软权力吸引程度的判定

在已知软权力关系存在的前提下，软权力吸引的强弱程度，主要取决于权力施动者与权力受动者这两个变量。本书不排除在实际情况下，影响软权力吸引关系的第三种因素，或是更多的干扰变量，但是干扰变量对权力双方的影响，最终都要体现在权力双方的实力变化与各自主观的利益判定上，因此为了研究设计的便利，本书对权力关系的研究主要是分析权力施动者和权力受动者这两个变量的变化。而权力施动者与权力受动者都受各自实力变化与主观上对各自利益判断的影响。从理论上讲，在权力受动者实力保持不变的条件下，当软权力施动者的实力变得更强，能够提供更多、更有价值的资源，而且也愿意同权力受动者分享这些资源时，权力施动者对权力受动者的吸引力就越大，反之则越小。与之相对应的是，在权力施动者实力保持不变和分享其资源的意愿保持恒定的条件下，当权力受动者的实力不断下降，实现资源自给的能力不断降低，对权力施动者的依赖越强烈时，则权力施动者对权力受动者的吸引力就越大，反之则越小。当然，这些都是纯理论的假设。在现实的国际政治中，构成权力关系的双方，其客观实力与主观上对自己利益的判定都处于不断变化之中。因此，对于软权力吸引强弱的判断，要具体问题具体分析，不能一概而论。

具备判定软权力关系是否存在及其强弱程度的理论依据，就可以对相关的现实问题展开研究。为了将理论研究与现实问题分析更好地结合起来，笔者需要将这些抽象理论转化为进一步便于操作的研究程序。

2.3 欧盟扩大的软权力分析框架

笔者接受约瑟夫·奈教授软权力理论中的合理成分，认为一个完整的权力概念应该包括权力资源与权力行为，权力资源由权力关系存在的具体背景所决定，软权力作为权力的一种形式，也具有权力理论的共性。根据笔者的理解，软权力关系存在的背景一般包括但不仅限于这些情况：权力施动者拥有一定的权力资源及其分享其资源多寡的意愿与行为；权力受动者需要什么样的具体资源及其能够接受权力施动者影响程度的实际情况。笔者注意到，一个具体的已经实现的软权力行为结果可以向研究者提供软权力关系存在的具体背景——已经实现的软权力行为和已经发挥吸引作用的软权力资源。因此从一个已经发生的软权力行为结果上，可以为它所依赖的软权力资源及其发挥吸引的具体方式的探索提供一定的条件。欧盟的历次扩大充分展现了欧盟对相关国家的吸引，对于已经完成的四次扩大来说，欧盟软权力的吸引结果已经实现。笔者的研究任务就是根据欧盟扩大的软权力背景，验证欧盟吸引相关国家竞相加入的软权力资源及其发挥作用的具体途径。

一对基本的软权力关系至少包含一个权力施动者和一个权力受动者。在本书对欧盟扩大的研究案例中，权力施动者当然是能够提供软权力资源的欧盟，权力受动者是被欧盟吸引自愿申请加入欧盟的相关国家，在本书中有时也简称为申请国。软权力与硬权力不同，后者可以不顾权力受动者的意愿而采取高压手段以达到预定的政策目标，然而软权力的施动者却应当关注软权力受动者的实际偏好（their preferences）。约瑟夫·奈教授用雄鸡报晓误以为引发日出的故事，形象地说明权力受动者对于检验权力施动者权力资源及其作用的重要意义。①所以说，软权力资源能否产生吸引以及吸引力的大小，在很大程度上不是由软权力的施动者主观愿望决定的，而关键是看软权力的受动者

---

① Joseph S. Nye, Jr., *Soft Power: The Means to Success in World Politics*, New York: Public Affairs, 2004, p. 2.

是否需要这种资源，以及需要的程度如何。

据此笔者认为，在欧盟扩大过程中发挥吸引作用的软权力资源，固然是欧盟自身的资源，所以既要看欧盟官方的言论与行为，也需要考察那些自愿加入欧盟的相关国家的动机所在。换言之，对于欧盟扩大，从软权力的受动者——申请国那里，去验证权力的施动者——欧盟，具有哪些能够产生吸引的软权力资源以及这些资源吸引力的大小，是非常重要的现实依据。

虽然欧盟具有一定程度的超国家性质，但是欧盟毕竟是由民族国家组成的，这些国家无论是在加入欧盟前还是成为欧盟成员国之后，都是主权独立的民族国家。民族国家进入现代以后，决定国家对外政策与行为的，就不再是王朝利益了，而是国家的根本利益。在现代国际关系中，民族国家对外战略的核心是努力使国家利益最大化。① 在法国政治家黎塞留提出"国家至上"的重要概念之前，欧洲各国在有关对外政策的讨论中"往往不寻常地直接援引基督教的道德律"。但是在"国家至上"原则替代中世纪的宗教道德观后，国家利益作为外交的最高原则被广为接受，任何以实现国家利益为目标的外交手段的使用都具有正当性，以实力为基础、以维护国家利益为最高目标的现实主义外交开始大行其道。② 尽管国际关系理论由于研究派别的不同，会产生不同的学术观点，但是在国家利益决定国家政策与行为这一看法上，可以说并无异议。现实主义者认为"利益是判断和指导政治行动的永恒准绳"③，现实主义的国际关系理论虽然不断受到来自结构现

---

① 俞新天等：《强大的无形力量：文化对当代国际关系的作用》，上海人民出版社 2007 年版，第 296 页。

② 〔英〕休·塞西尔：《保守主义》，商务印书馆 1986 年版，第 125 页。转引自梁晓君《英国欧洲政策之国内成因研究：以撒切尔时期为例》，世界知识出版社 2008 年版，第 64 页。

③ 〔美〕汉斯·摩根索：《国际纵横策论——争强权，求和平》，卢明华等译，上海译文出版社 1995 年版，第 4 页。

实主义、新自由制度主义和建构主义的挑战，但后几种国际关系理论也都不同程度地承认利益在国际政治行为背后的驱动作用。

由于约瑟夫·奈教授在讨论软权力资源的吸引问题时，常常避讳软权力吸引与国家利益的关系，因此笔者需要独立探索这种关系。根据上述分析，笔者认为，资源的可满足性与行为的可接受性，是建立软权力关系的两个基本条件。由于加入欧盟的国家都是自主、自愿的，欧盟在实现四次扩大的过程中，也没有采取军事威胁与经济制裁的方式，因此可以适当省略对欧盟扩大行为的非强制性手段的探讨。这说明，不仅欧盟的软权力行为是申请国乐意接受的，而且欧盟的软权力资源满足了相关申请国的需求，在欧盟的强烈吸引下，申请国的入盟过程造就了欧盟的不断扩大。而申请国愿意以申请加入的实际行动去追求这些资源，只能存在一种解释，那就是这些申请国把这种需求界定为自己国家的重大利益，同时也产生了对欧盟政治文化的认同。因为利益就是指能够满足人的物质或精神需求的东西，而国家利益就是指一切能够满足民族国家全体人民物质与精神需求的东西①。抛开国际政治理论流派的分歧，从软权力理论的视角看，在现实国际政治中的软权力吸引，实际上是民族国家（之间或国家集团与国家之间）的利益互补与吸引。如果一方权力资源的累积达不到另一方对国家利益界定的高度时，国际关系层面的软权力吸引就不会发生。

梁晓君博士认为，不能将利益与观念对立起来去寻找外交政策行为背后的动机，因为人和事物的双重复杂性决定了人的行动受到多种因素的驱使，而利益无疑是其中最基本、最重要的，在国际政治层面国家利益是外交政策的最高目标，在国内政治层面外交政策形成的过

---

① 阎学通：《中国国家利益分析》，天津人民出版社 1996 年版，第 10 页。

程是国内各种利益集团角逐的过程。① 国家利益不仅包含物质的、有形的利益，而且也包括非物质的、无形的利益。俞新天教授等指出，人们往往认为国家利益是物质的、具体的利益，实际上国家利益不仅包括有形的物质利益，而且包括无形的文化利益。国家利益既包括现实的物质利益，也包括文化价值观，只强调物质利益的国家利益观是片面的。在维护国家利益时，不仅要考虑物质利益的交换和互利，而且要关注更深层次的文化利益取向。任何一国的国家利益中都包含着道义目标和理想追求，而不局限于追求自身现实的物质利益，只有这样才能凝聚认同和支持，引领国家发展的方向。现实的物质利益必须与解释它的文化价值观共存，文化价值观解释了为什么物质利益是符合国家利益的，即使追求物质利益合法化，能够被国内外所接受。② 阎学通教授在20年前就批判过关于国家利益观的两种错误理解，指出只强调利益物质性的机械唯物主义观和只强调利益精神性的唯心主义观，都是不正确的。③

以上不同学者的研究都在强调这样的观点，广义的国家利益既包括物质与现实的成分，也包括文化与精神的内容。尽管后者常常被理论研究者和国家决策者所忽略，但是后者不仅是国家利益的重要组成部分，而且还能对国家物质层面的利益做出界定与引导。因此，可以说，在整体上维护国家根本利益的是国家的政治文化。

本书已经指出，能够产生吸引的软权力资源，应该包括有形与无形的所有资源。关于这一观点，尽管约瑟夫·奈教授在很长时期内没

---

① 梁晓君：《英国欧洲政策之国内成因研究：以撒切尔时期为例》，世界知识出版社 2008 年版，第 63 页。
② 俞新天等：《强大的无形力量：文化对当代国际关系的作用》，上海人民出版社 2007 年版，第 296 ~ 301 页。
③ 阎学通：《中国国家利益分析》，天津人民出版社 1996 年版，第 10 页。

有明确承认，但是后来他也大力提倡这一观念。既然学界对软权力资源的认识，已经超越了物质与非物质之间的界限，而国家利益中本来就包括对物质和精神的双重追逐，笔者据此得出判定欧盟软权力资源的理论依据：如果欧盟申请国主要是想获得更多的物质利益，就代表欧盟发挥吸引作用的软权力资源主要是物质的、有形的资源；如果申请国主要是想获得更有保障的民主，就代表欧盟发挥吸引作用的软权力资源主要是非物质的、无形的资源；如果既想获得更多的物质利益，同时也想获得更有保障的民主，就代表欧盟发挥吸引作用的软权力资源既有物质的、有形的内容，同时也有非物质的、无形的成分。

那么，什么样的国家利益可以代表有形的、物质的利益，什么样的国家利益可以代表无形的、非物质的利益呢？俞新天教授等认为，经济利益对国家形象起基础作用；安全利益必须以硬实力为支撑，对国家形象有保证作用；文化利益不仅以"软实力"树立国家形象，而且以其价值观、思想、理念和原则去指导经济利益和安全利益，对于国家形象具有引导作用。① 根据马斯洛关于人的不同层次需求的学说，梁晓君博士将国家利益从低到高划分为安全利益——满足国家基本生存需求、经济利益——满足国家物质生活需求、政治利益——满足国家在国际社会中寻求尊重和自我实现的需求这样三个层次。② 由于安全利益和经济利益的实现在很大程度上需要物质资源的拥有与满足，因此在本书中国家对安全利益和经济利益的追求，就代表国家对物质利益的追求，这相当于软权力理论所说的权力的有形资源。笔者认为，俞新天教授等所说的文化利益，在国际政治研究中一般是被归为国家

---

① 俞新天等：《强大的无形力量：文化对当代国际关系的作用》，上海人民出版社 2007 年版，第 307 页。

② 梁晓君：《英国欧洲政策之国内成因研究：以撒切尔时期为例》，世界知识出版社 2008 年版，第 65 页。

的政治利益来分析的。笔者认同梁晓君博士关于政治利益的界定，也认可作者将国家利益从低到高划分为安全、经济与政治这三个层次的观点。因此笔者将国家的文化利益归入国家的政治利益，国家对政治利益的追求，在本书中就代表国家对非物质利益的追求，这相当于软权力理论所说的权力的无形资源。

根据以上分析，笔者对欧盟扩大的软权力资源的分析，分为三个步骤展开：首先根据欧共体/欧盟扩大的史实材料，以非强制性手段为标准，确定欧共体/欧盟已经发生的软权力行为；其次对于那些最终成功加入欧共体/欧盟的相关国家，进一步考察其加入动机，从而求证欧共体/欧盟在扩大过程中发挥吸引作用的软权力资源；最后对于那些曾经申请加入欧共体/欧盟的国家，但是最终又选择放弃加入的国家，笔者将参照软权力吸引程度的理论假设进行验证。

第四节　本章小结

由于包括国际关系理论在内的所有社会科学理论，到目前为止还没有产生一个可以包罗万象、能够解释所有社会层面现象的万能理论，因此笔者欲对欧盟扩大软权力进行解释，必须寻找与之相关的具体理论。为了突出重点，笔者将欧盟软权力的研究限定在对欧盟扩大的分析上。从解释欧盟成功的文献推导出来的欧盟软权力资源，只有建立具有可操作性的分析框架才能对其进行实证检验。笔者从软权力理论关于无形资源与有形资源都能产生吸引力的观点出发，找到了国家追求物质与非物质双重利益的本性与之的相关性，从而将检验软权力资源的问题进一步转化为便于操作的国家追求安全利益、经济利益和政治利益的分析，并据此建立了分析欧盟软权力资源的框架。

那么，研究欧盟扩大的学者对申请国做了怎样的解释？笔者参考了中外学者的一些有代表性的观点，由于这些文献的选题与发表均没有受约瑟夫·奈教授软权力理论的影响，因此这些关于欧盟扩大的描述对于笔者的研究能够提供客观的证据。本书的第五、六、七章均以欧盟扩大的事实为依据，来验证欧盟的软权力资源及其发挥作用的差异。

第五章　欧盟第一、第三次扩大的
软权力案例

　　在本书中，欧盟的第一次扩大是指 1973 年欧共体吸纳英国、爱尔兰和丹麦这三国加入联盟，第三次扩大指 1995 年奥地利、芬兰和瑞典加入欧盟。虽然这两次入盟的时间跨度超过了 20 年，但是由于这两批入盟国家的申请动机具有明显的共通之处，所以笔者决定将这两次扩大合并，作为同一类案例来分析欧盟的软权力资源是如何发生吸引作用的。在这两次扩大中，欧共体/欧盟都是使用非强制性的软权力吸纳手段，这六个国家也都是在自主自愿的基础上先后选择加入的，这说明欧盟这两次扩大的软权力目标均已实现。因此笔者根据欧共体/欧盟与这六个国家先后发生的软权力吸引关系的背景，就可以甄别欧盟在第一次扩大和第三次扩大中发挥吸引作用的软权力资源。

　　同理，本书第六章对欧盟第二次扩大的分析和第七章对第四次扩大的分析，皆是按照这种研究路径进行的。本章对欧盟扩大的分析，先从第一次扩大说起。

第一节　第一次扩大的软权力关系背景

　　在欧盟（当时叫欧共体）的第一次扩大中，当时加入的国家共有三个，但由于英国是大国，同时又由于英国既是提出申请的带头国家，又是谈判协议达成的关键①，其加入欧共体的行为具有典型的代表性，它的入盟过程在很大程度上不仅与欧洲自由贸易联盟（以下简称欧自联）其他申请国的行为非常相似，而且丹麦、爱尔兰这两个国家与英国保持着紧密的经济联系，要不是因为英国提出申请的话，它们极有可能根本就不会考虑成为共同体成员②。因此本章对第一次扩大的分析以英国的表现为重点。

英国与欧盟关系的大致轮廓是：20世纪50年代西欧大陆启动欧洲一体化之后，英国曾拒绝加入这一进程，之后由于形势所迫，历经曲折加入欧洲共同体后，英国又不愿向欧共体转让更多的主权，消极对待欧共体的超国家机构，对欧盟走联邦主义道路颇为反感，拒绝参加欧洲货币联盟，2016年6月掀起的公投脱欧事件等于向欧盟正式提出分手，但是目前还未完成退出欧盟的正式程序，所以说英国与欧盟的关系总是呈现若即若离的状态，对待欧洲一体化不是那么一心一意。

1　欧洲煤钢共同体建立的背景及其对欧洲联合的促进作用

战后西欧国家所面临的政治、经济及安全形势，为它们走向国家间的联合提供了带有一定压力的外部环境，而这次西欧国家的联合道路迥然不同于历史上国家间的权宜之计，开始以和平、合作的方式影响世界历史进程，可以说，欧洲煤钢共同体的筹建为战后欧洲国家的联合开了一个好头。20世纪30年代资本主义世界经济危机的教训、两次世界大战带给欧洲的创伤、"欧洲世纪"的终结危机、超级大国的威胁以及欧洲国家自身生存与发展的需要，使阿登纳、舒曼、加斯

---

① 伍贻康、周建平、戴炳然、蒋三铭等：《欧洲经济共同体》，人民出版社1983年版，第32页。

② Allan F. Tatham, *Enlargement of the European Union*, Alphen: Kluwer Law International, 2009, p. 7.

贝里等一批政治家普遍认识到，欧洲的未来取决于欧洲的联合和统一。① 历史和现实的双重需要迫使欧洲国家将追求和平列为战后最紧要的政治问题，舒曼计划的核心目的也是实现和平。二战后随着冷战气氛的加剧，欧洲国家尤其是欧洲大陆国家成为事实上对抗苏联的阵地。面对当时政治和军事实力都很强盛的苏联，西欧国家从安全战略上需要团结和联合。联合无疑首先是法德等大国的联合，要使这两个历史上宿怨颇深的国家实现互信与团结，除非能够有效消除这两国间纷争不断的基本物质资源——煤钢。根据舒曼计划所建立的欧洲煤钢共同体比较成功地达到了这个要求。尽管舒曼计划的初衷，是解决法德重归于好的问题，但是实际上它为发展双边合作关系奠定了基础，随着时间的推移，它进一步巩固了合作，成为欧洲一体化进程的主要推动力量②。

尽管战后欧洲的国家联合是历史潮流和趋势，欧洲国家也相继建立了多种具有联合性质的跨国组织，但是对欧洲一体化有重大和持久推动作用的组织，经过历史的筛选却逐渐落在了欧盟身上。战后初期欧洲建立的几个政府间合作性质的国际组织，如欧洲经济合作组织、布鲁塞尔条约组织或是欧洲委员会，事实证明都无法对欧洲一体化的进程产生重大推动力。③ 而西欧六国建立的欧洲煤钢联营，成为推动欧洲统一事业最重要的动力之一。欧洲煤钢联营取得的巨大成就，首先是钢产量的骤增，西德和法国的钢产量 1954～1957 年的增长率都达到 40%，其次由于这一成就改善了煤钢共同体与各成员国企业主之间的关系，最后还争取到了如德国社会民主党等原来反对联营的政治势

---

① 赵怀普：《英国与欧洲一体化》，世界知识出版社 2004 年版，第 25 页。

② 〔意〕翁贝尔托·特留尔齐：《从共同市场到单一货币》，张宓、刘儒庭译，对外经济贸易大学出版社 2008 年版，第 33 页。

③ 计秋枫、洪邮生、张志尧等：《欧洲的梦想与现实：欧洲统一的历程与前景》，南京大学出版社 2000 年版，第 69 页。

力的支持。欧洲煤钢联营的实践表明共同市场能够带来三方面的进步：一是扩大生产；二是保证供应；三是促进现代化。还有一个明显的好处是，它能使欧洲国家实现和平、合作。战后欧洲国家要想生存与进步，和平及国家间的合作不可或缺，这反映了欧洲公众对煤钢联营新形式的肯定，也透露出公众对欧洲联合的自信和希望。但是作为欧洲大国之一的英国，却对战后欧洲的联合不那么乐观和积极主动。

2　英国拒绝参加战后欧陆国家紧密联合的现实依据

在战后积极推动欧洲联合的国家，它们的政治热情，源于对殃及自身的这场世界战争的理性反思。它们认识到法西斯势力是极端民族主义的典型代表，为了避免民族主义给欧洲再次带来毁灭性的灾难，战后秩序的重建就应该以抑制民族主义的极端膨胀为努力的方向。在二战期间，法国和意大利等国的抵抗运动成为促进重建欧洲联邦思想的中心力量。所以欧陆各国的反法西斯抵抗运动，倾向于以一种联邦式的安排取代旧有的民族体系，重建战后欧洲的政治生活。其中让·莫内在二战期间的超前眼光具有代表性，他认为欧洲各国如果在民族独立的基础上重建各自的政府，欧洲不会有和平，建立一个联邦和巨大的市场，可以防止强权政治和民族主义重新抬头[①]。

但是英国对国家民族主义的态度却没有像其他国家一样充满质疑，而是自豪有加，因为英国与法国、意大利等曾被法西斯势力侵害的欧洲国家不同，其在二战期间成功抵抗了希特勒的侵犯，民族自豪感因战争考验而得到了加强。如果让它放弃部分主权参加如煤钢共同体等的欧洲联合，就等于对自己民族独立发展能力的不自信。英国当然不想多此一举。英国成功抵抗法西斯的行为，反而使欧洲联邦的思想在英国本土难

---

① 〔法〕让·莫内：《欧洲之父——莫内回忆录》，孙慧双译，国际文化出版公司 1989 年版，第 10～11 页。

以落地生根，这种极为不同的经历影响了英国战后欧洲政策的基调。

因此从战后一开始，创建欧洲煤钢共同体的欧陆六国就与海上强国英国有着不一样的欧洲联合的思想和途径。欧共体的创始六国，追求的欧洲联合更强调国家政治与经济之间的紧密协调：在经济上，主张制定实施共同的经济政策，采取更多干涉主义的行为，以实现更紧密的经济联合；在政治上，认为经济一体化必然导致政治一体化，经济上的联合能够为政治上的逐步联合创造条件。这种观点，随着欧洲一体化的发展，被越来越多的欧盟成员国所接受，逐渐在欧盟内部占据主导地位。然而，占主导地位的思想理念并不能被所有欧洲国家欣然接受，因为决定国家对外行为的根本因素，终究还是国家利益。而此时英国对国家利益的界定，不是盲目反对一切形式的欧洲联合，而是仅支持松散的欧洲联合。相比欧共体六国的长远战略，英国的态度要保守很多：在经济上，它仅仅满足于建立自由贸易区；在政治上，它满足于政府间合作的方式。

3　英国加入欧共体的曲折道路

在西欧六国建立煤钢共同体之初，英国人的保守行为被视为拒绝参加重新振兴欧洲的工作，他们首先不相信能够实现共同市场，后来又想把共同市场融合在大自由贸易区之中，这也是欧自联产生的背景。但是很快他们就不得不重新考虑对欧洲的立场，考虑加入共同体了。①共同体取得阶段性成就后，对英国产生了一定程度的吸引。英国在《罗马条约》签订4年后，恰逢欧洲经济共同体取得良好佳绩的时候，提出了申请②。由于种种原因，1963年1月，戴高乐公开否决了英国

---

① 〔法〕皮埃尔·热尔贝：《欧洲统一的历史与现实》，丁一凡、沈雁南等译，中国社会科学出版社1989年版，第257页。
② 梁晓君：《英国欧洲政策之国内成因研究：以撒切尔时期为例》，世界知识出版社2008年版，第34页。

加入共同体的申请，然而这并没有打消英国加入欧共体的决心。当初看到欧共体前途渺茫的时候，英国决定置身事外，当欧共体展现大市场力量的时候英国决定加入的决心似乎也很坚强。英国政府在1971年发表的加入共同市场的白皮书中表示，"如果我们参加欧洲共同市场，比之留在外面将更加安全，我们维护和平和促进世界发展的能力将更巨大，我们的经济将更强大，我们的工业和人民将更繁荣"。[①] 经过谈判、签约和批准，英国终于在1973年1月1日加入了欧共体。

第二节 第一次扩大的软权力资源分析

欧洲煤钢共同体——当初这个主要为解决西欧大陆国家战后安全问题而创建的组织，因其运营的意外成功，不仅从物质条件上有效化解了欧陆国家长期的战乱忧患，还产生了能够促进欧洲国家现代化的经济力量。由于这个新生的组织让欧洲国家产生了集体生存和发展的希望，因此它们开始将联合欧洲的希望寄托于这个组织。根据软权力理论，这就意味着欧洲煤钢共同体，通常从低到高的阶梯顺序会对追求安全利益、经济利益和政治利益的相关国家产生一定的吸引力。但是在同一时期，由于不同国家的处境不尽相同，对以上几种利益的追求方式就会有所差别。煤钢共同体对哪些国家能够产生吸引，对哪些国家不能产生吸引，既要看构成权力关系的双方之间的实力变化，也要看权力施动者对权力受动者提供的权力资源是否有需求以及需求的程度如何。而国家对权力资源的需求，在现实的对外关系中表现为相关国家对其利益的界定与追求。

---

① 〔法〕罗·马西普：《戴高乐与欧洲》，上海人民出版社1973年版，第48页。转引自伍贻康、周建平、戴炳然、蒋三铭等：《欧洲经济共同体》，人民出版社1983年版，第41页。

1 20 世纪 50 年代英国对国家利益的追求

在英国进入近现代以后，民族国家利益至上的政治文化已经占据政府决策的主导地位。自伊丽莎白一世开始，民族国家利益至上的原则取代了王朝利益，其欧洲政策无论具体形式如何，都是国家利益引导的结果。无论是代表现实主义的外交政策，还是代表理想主义的主张，只有遵从国家利益才会得到国民的支持。所以对于战后初期的英国而言，是决定申请加入欧共体还是选择置身事外，关键是看这种组织是否能够给英国带来足以使其自愿参加的重大利益。

尽管欧洲煤钢共同体取得了一定的成就，但就当时的情况而言，这种成就未产生使英国要加入其中的足够吸引力。根据历史经验，英国认为欧洲一体化组织不会给自己带来实实在在的安全利益、经济利益和政治利益。

英国的政治利益分析。不同的经历与现实状况，往往决定不同的国际关系行为体对其利益的不同认识与判定。除了前文提到的英国引以为傲的民族主义情结外，第二次世界大战的跨地区性也使英国将眼界放在了遥远的海外。战争经验表明，英帝国、英联邦以及英美特殊关系才对英国的生存至关重要。因此，二战结束初期，当时的英国更看重与英联邦的联系，欧洲大陆自然占据次要地位。丘吉尔 1948 年提出的"三环外交"思想为战后初期英国历届政府所接受，成为这一时期英国欧洲政策的基调。在这种外交思想的指导下，当西欧六国在 20 世纪 50 年代初酝酿组建欧洲一体化组织时，英国自恃经济竞争能力尚存，并可借助英美特殊关系与英联邦的有利条件，采取"不介入"的政策。① 从具体政治利益考虑，当欧洲煤钢共同体发展成为欧洲经济

---

① 伍贻康、周建平、戴炳然、蒋三铭等：《欧洲经济共同体》，人民出版社 1983 年版，第 33 页。

共同体时，英国政府仍旧拒绝参加，因为欧洲经济共同体的关税同盟政策会影响英国更为看重的联邦特惠制，英国同时还担心参加以戴高乐为核心的欧共体会影响英美亲密关系，降低英国的国际大国地位。可见从政治利益分析，英国认为自己的重大利益存在于欧洲大陆之外，而不是之内。

英国的经济利益分析。从历史上看，近代英帝国的强大离不开其广大殖民地丰富与廉价资源的供给；20世纪30年代经济危机发生时，英联邦特惠制与英镑区的建立发挥了抵制危机的作用；第二次世界大战期间，英国的自治领、殖民地与母国的联系得到加强，因此二战后初期英国人选择了英联邦，认为"英国的事业及利益远在欧洲大陆以外"。① 用英国人自己的话讲就是，英国与澳洲和新西兰的关系属于骨肉同胞之情，要比英国与欧洲的关系亲近得多②，颇有"一家人不说两家话"之韵味。在英国正式承认帝国衰落之前的20世纪60年代外交战略中，英帝国和殖民地比欧洲大陆更为重要。

从具体的经济利益考虑，1950年，舒曼计划出台后，英国外交部反对将自己的主权委托给一个无法信任的外国机构，艾德礼首相对利用超国家原则管理英国重要的经济力量也持反对态度。欧洲煤钢联营建立之后，英国的质疑态度没有改变，理由是英国的煤钢生产都很发达，没有必要与欧陆国家搅和，因此反对将英国的煤钢生产置于超国家机构之下。对于尽量淡化超国家性质的1955年的墨西拿会议，英国在评估之后认为只有意大利和低地三国能够从原子能共同体中获益，

---

① 计秋枫、洪邮生、张志尧等：《欧洲的梦想与现实：欧洲统一的历程与前景》，南京大学出版社2000年版，第101页。

② 〔英〕尼古拉斯·韩博森：《英国的衰落及其原因和后果——韩德逊爵士的告别报告》，林华清、薛国成译，上海外语教育出版社1985年版，第56页，转引自计秋枫、洪邮生、张志尧等《欧洲的梦想与现实：欧洲统一的历程与前景》，南京大学出版社2000年版，第102页。

对于英国则没有实际意义，还对共同关税政策顾虑重重。

英国的安全利益分析。英国对欧盟持怀疑主义的态度并非出于无端的猜忌，而是有自己一整套的理由和根据。英国欧洲政策史的规律是，当英国最强大的时候往往奉行孤立政策，当英国实力最弱的时候也是卷入欧洲最深的时候。近代英国的利益集中在欧洲以外的自治领与殖民地，加之英国具有海上强国地位，它对欧洲实行均势与孤立政策的历史证明，其能够有效地维护英国的国家利益。英国在二战中曾经单独对德国作战，并从战争中获得了巨大的民族自尊心，反观欧陆国家的历史一直纷争不断，表面的合作往往是权宜之计，在共同市场建立之初，没有人相信它能缔造长久和平，这都是事实。

从现实安全利益考虑，尽管根据舒曼计划建立的煤钢共同体，有效解决了困扰法德几个世纪以来的安全困境，对于饱受战乱之苦的比利时、荷兰与卢森堡等低地国家来说也是一个福音。但是对于当时的英国而言，德国算不上是主要的潜在敌人，防御苏联才是其安全战略的主要目标。二战结束以后，随着冷战气氛的加重，整个欧洲面临苏联霸权的威胁，因此英国实行了至少在军事上带头反对苏联的政策。以这样的战略为指导，英国始终强调两大防务政策：一是加强美国和北约在欧洲防务中的力量；二是致力于英国的独立核力量建设。因此与美国合作才符合英国的国家安全利益，欧洲大陆对于当时的英国来说不仅不是安全的屏障，相反多次成为战争和动乱的发源地。"既然英国的安全依靠北大西洋公约组织、依靠美国支持下的独立核力量以及依靠英国自己驻扎在欧洲大陆的 7 万名军队就可以解决，那么欧洲一体化在安全上的功能对英国来说也就可有可无了。"[1] 可见，从安全

---

[1] 梁晓君：《英国欧洲政策之国内成因研究：以撒切尔时期为例》，世界知识出版社 2008 年版，第 68 页。

利益分析，英国同样认为自己不需要与西欧联合就可以保障国家安全。

综上所述，从 20 世纪 50 年代的实际情况看，英国不需要依靠欧洲一体化组织，照样可以实现国家所需的安全利益、经济利益和政治利益。因此，在这个时期，欧洲一体化组织很难对英国产生吸引。欧洲一体化初期，英国工党政府对本国利益的界定是联合美国对付苏联，而不是排斥美国搞欧洲联合；认为将刚刚实现国有化的煤炭、钢铁等部门交给一个统一的机构去管理，将有损于英国的利益；原来支持西欧联合的保守党在 1951 年上台后，并未改变工党政府对英国国家利益的认可方式。① 所以在战后初期，英国人强烈怀疑欧洲大陆，依旧坚信的是欧洲的生存取决于英国与欧洲大陆的隔绝，不相信欧洲大陆国家仅仅通过谈判和签署文件，就能获得一种取得重大进展的政治能力。② 所以说英国采取疏远欧洲大陆的政策，从当时英国独特身份所界定的国家利益的角度看也具有一定的合理性。

但是从 20 世纪 60 年代开始，欧共体对英国产生了越来越大的吸引，最后英国做出了加入欧共体的选择，这是因为其国家利益发生了新的变迁。

2　战后英国国家利益的变迁

从 20 世纪 60 年代开始，欧共体在经济上逐渐崛起，使得英国出口减少，还有可能取代英国成为西欧最重要的政治力量。由于英国的经济利益和政治利益都开始受到欧共体的冲击，因此以国家利益决定对外政策的英国不得不考虑调整欧洲政策。

---

① 李景治、张小劲等：《政党政治视角下的欧洲一体化》，法律出版社 2003 年版，第 12 页。

② W. F. 汉里德，G. P. 奥顿：《西德、法国和英国的外交政策》，商务印书馆 1989 年版，第 296～297 页，转引自计秋枫、洪邮生、张志尧等《欧洲的梦想与现实：欧洲统一的历程与前景》，南京大学出版社 2000 年版，第 107 页。

1961 年 7 月 31 日，被视为英国与欧洲关系历史上的一个转折点，因为在这一天英国首相麦克米伦正式宣布英国准备加入欧共体的决定。学界关于英国实现这一巨大转变的动机主要有三种解释：第一种解释是，基于苏伊士运河危机对英国的打击和欧洲经济共同体贸易量的增长，而对其经济与安全利益重新估计的结果[1]；第二种解释是，"英国要加入欧洲经济共同体是有许多经济原因的，但政治原因却更为重要"[2]，即政治目的是最终目的，获取经济利益只是达到政治目的的手段，就是说英国需要寻找一个发挥领导作用的舞台，借此提高其国际声誉[3]；第三种解释是，英国提出申请的动力主要来自美国的压力[4]。实际上这些解释的根据都离不开麦克米伦首相本人对于英国加入欧洲经济共同体的解释，那就是英国政府把加入看作"既是政治也是经济的行为"[5]。这从本质上反映出，选择加入欧共体是英国对其衰落做出的一个反应。学界所做的各种解释，也都不否认战后英国实力衰退是其做出这一决定的基本前提，特别是当欧共体的实力不断上升之时，欧共体软权力资源的吸引就显得极为重要。

从经济实力的角度分析，按国民生产总值计算，英国在资本主义世界中的亚军位置 1955 年被西德夺走，1964 年再被法国排挤到第四

---

[1] Andrew Gamble, "The European Issue in British Politics", *Britain For and Against Europe：British Politics and the Question of European Integration*, edited by David Baker and David Seawright, London：Clarendon Press, 1998, p. 15. 转引自梁晓君《英国欧洲政策之国内成因研究：以撒切尔时期为例》，世界知识出版社 2008 年版，第 35 页。

[2] 〔法〕皮埃尔·热尔贝：《欧洲统一的历史与现实》，丁一凡、沈雁南等译，中国社会科学出版社 1989 年版，第 257 页。

[3] 阿伦·斯克德，克里斯·库克：《战后英国政治史》，第 149 页。转引自梁晓君《英国欧洲政策之国内成因研究：以撒切尔时期为例》，世界知识出版社 2008 年版，第 35 页。

[4] Miriam Camps, *Britain and the European Community* 1955 - 1963, Oxford University Press, 1967, pp. 51 -52. 转引自梁晓君《英国欧洲政策之国内成因研究：以撒切尔时期为例》，世界知识出版社 2008 年版，第 35 页。

[5] Allan F. Tatham, *Enlargement of the European Union*, Alphen：Kluwer Law International, 2009, p. 10.

位，1965 年日本超过法英两国，使英国退居到资本主义世界的第五位①。另外，英国曾寄予很大希望的欧自联，七国的经济实力远不如欧共体六国，英国从七国相互减税所得到的好处，并不能抵偿它在与欧共体六国贸易中所受的损失。随着 1960 年 3 月欧洲共同体做出的加快实现共同市场的决定，欧共体更加巩固了，英国组建的欧自联七国无法再对欧共体六国施加压力了。② 欧共体实力的不断增强，对实力不断下降的英国越来越具有吸引力。

英国与英联邦国家的贸易停滞不前，相反与欧洲经济共同体的贸易，其重要性与增长速度都开始领先于英国与欧自联的贸易。从 1950 年开始，英国对欧陆国家的贸易呈现出不断增长的趋势，英国向欧共体国家的出口额从 1948 年的 16.7% 上升到 1954 年的 21.5%，进口额从 13.1% 上升到 18.4%。③ 与此同时，英联邦对英国经济的重要性却呈下降趋势，英国对英联邦的出口从 1951 年的 50% 降低到 1961 年的 39%，而英国对欧共体国家的出口到 1961 年却增长到 32%。从 1959 年到 1960 年底，英国带头组建的欧自联七国之间的贸易仅增长 16%，而同一年欧共体六国的贸易却增长了 30% 以上，美国资本更多地流向欧洲大陆，欧自联由于其经济资源的不足和缺乏专门协调政策的机构等缺点，使其难以对欧共体形成挑战。④

从政治利益的角度分析，伦敦在与欧共体六国的对抗，以及组建

---

① 伍贻康、周建平、戴炳然、蒋三铭等：《欧洲经济共同体》，人民出版社 1983 年版，第 36 页。

② 〔法〕皮埃尔·热尔贝：《欧洲统一的历史与现实》，丁一凡、沈雁南等译，中国社会科学出版社 1989 年版，第 257 页。

③ Sanders, David, *Losing An Empire*, *Finding A Role*, New York, 1989, p. 150. 转引自计秋枫、洪邮生、张志尧等《欧洲的梦想与现实：欧洲统一的历程与前景》，南京大学出版社 2000 年版，第 104 页。

④ 计秋枫、洪邮生、张志尧等《欧洲的梦想与现实：欧洲统一的历程与前景》，南京大学出版社 2000 年版，第 108 ~ 109 页。

七国的集团中都没有得到华盛顿的支持，但是美国坚决支持欧共体与欧洲一体化，英美特殊关系的意义已经越来越小了①。随着欧共体在美国对外战略中经济与政治地位的上升，英国政府更加强烈地意识到，如不加入欧共体则很可能将英国排斥在欧洲市场与欧洲政策的协调之外，还将疏远与美国的特殊关系。这就意味着，英国惯用的欧陆均势政策已经无法维护英国的国家利益了，接受共同体已是英国政府的必然选择。同时，这也预示着，英国从反对转向支持欧共体，并不意味着英国放弃了大国的地位，而是在新的国际环境下更好地保持英国的世界地位。

这种新的变化开始引发英国政府的忧虑，促使英国的欧洲政策发生变化。斯蒂芬·乔治指出，英国"加入欧共体并不意味着英国接受了欧盟的理想"。② 加入共同体是控制共同体发展的办法，是保护英国经济利益的手段，借助这个正在形成中的欧洲集团之首的名义可以增加与美国谈判的筹码。"为什么不加入共同体呢?"③ 于是，1961 年 7 月麦克米伦政府决定宣布申请加入欧共体，不久与欧共体展开了谈判。

这是历史上英国首次申请加入欧共体的大致过程，也是欧共体经济资源与政治资源对英国产生吸引，从而改变其抵制态度并自愿加入的第一次表现。据此，笔者认为这是欧共体借助经济资源和政治资源对英国发挥软权力吸引作用的第一次表现。

1963 年 1 月法国总统戴高乐在巴黎记者招待会上，通过列举共同体创始六国的共性远大于英国自身特性的讲述形式，否决了英国加入

---

① 〔法〕皮埃尔·热尔贝:《欧洲统一的历史与现实》，丁一凡、沈雁南等译，中国社会科学出版社 1989 年版，第 258 页。

② Stephen George, *An Awkward Partner*, Oxford University Press, 1990, p. 40. 转引自赵怀普著:《前言》，见赵怀普《英国与欧洲一体化》，世界知识出版社 2004 年版，第 4 页。

③ 〔法〕皮埃尔·热尔贝:《欧洲统一的历史与现实》，丁一凡、沈雁南等译，中国社会科学出版社 1989 年版，第 258 页。

共同体的申请，然而这并没有打消英国加入欧共体的决心。英国的经济利益、安全利益与政治利益向欧洲大陆继续倾斜的趋势，已经成为历史的必然，英国选择向欧共体靠拢已是大势所趋。戴高乐总统对英国不兼容共同体特征的各种描述也仅仅适合于首轮谈判前期的英国实际情况，他没有看到英国对外政策也会随着其国家利益改变而调整的一面。

影响英国欧洲观念发生变化并对其欧洲政策做出历史性调整的，最重要的因素当数其经济的衰落。英国所带头组建的欧自联，无意于对外统一关税，对成员国间贸易壁垒的削减使其总体实力不及当时欣欣向荣的欧洲经济共同体。例如，1958～1968 年英国的实际收入增长38%，而欧洲经济共同体的增长为 75%。① 在 20 世纪 50 年代，欧共体六国的平均年增长率为 4%，而英国仅为 2.3%；在 20 世纪 60 年代，欧共体六国的平均年增长率为 4.2%，而英国仍为 2.3%，甚至欧共体六国中，原来发展水平较低的比利时也高于英国近 2 个百分点。② 此时，英国的对外贸易格局正在发生决定性变化，从 20 世纪 50 年代开始，英国的主要贸易越来越集中在西欧地区，加入欧共体扩大其在2.5 亿巨大人口消费市场上的份额，增加其商业谈判的砝码，"对英国各大政党都具有很大的吸引力"。③

与此形成对照的是，英联邦对于英国的政治、经济的重要性在不断削弱。1956 年的苏伊士运河危机对美英特殊关系构成严重打击，英

---

① Allan F. Tatham, *Enlargement of the European Union*, Alphen: Kluwer Law International, 2009, p. 14.

② 曼库尔·奥尔森：《家兴衰探源——经济增长、滞涨与社会僵化》，商务印书馆 1993 年版，第 9 页，转引自计秋枫、洪邮生、张志尧等《欧洲的梦想与现实：欧洲统一的历程与前景》，南京大学出版社 2000 年版，第 118 页。

③ 计秋枫、洪邮生、张志尧等：《欧洲的梦想与现实：欧洲统一的历程与前景》，南京大学出版社 2000 年版，第 119 页。

国原有的势力范围和许多重要的工业部门被美国所掌控。苏伊士运河事件之后，在第三世界国家不结盟运动的不断冲击下，到 20 世纪 60 年代英联邦国家的离心率进一步加强，依托英联邦国家已经不可能再次支撑起其世界大国的地位了。随着民族解放运动的高涨，英国的许多殖民地和自治领纷纷宣告独立，这些国家独立后开始发展自己国家的民族工业，从而影响了英国工业部门的产品销售情况。进入 20 世纪 50 年代以后，英国与英联邦国家的经济分工也发生了不利于英国的变化，国家福利政策的实施加剧了英国的财政负担，高利率与资本输出的金融政策也限制了英国的固定投资，这一切都影响了英国战后的技术创新和生产效率，与欧共体、美国和日本强劲的增长势头相比，英国的国际竞争力在不断下降。英国对英镑区国家的出口从 1955 年的 49.2% 下降到 1965 年的 43.8%，到 1975 年已减少到 22.3%，到 1984 年又减少到 13.2%。[①] 尽管英国对美国的出口增加缓慢，但对欧洲共同市场的出口却增加很快，从 1957 年的 13.9% 上升到 1970 年的 21.8%，而且在这一年英国对共同市场的出口值已经超过了对英联邦的出口值。[②] 1967 年英镑贬值危机的出现，使得英国对于英联邦国家的经济和政治影响大不如以前，英联邦在事实上成为英语国家之间松散的联合体。

其实从 1964 年起，英国就对其各项国际政治与经济政策开始了全面的调整。原先反对共同体的工党执政之后开始改变立场从而支持英国的再次加入。由于国内的政治阻力，直到 1967 年哈罗德·威尔逊首

---

① Sanders, David, *Losing An Empire*, *Finding A Role*, New York, 1989, p.154. 转引自计秋枫、洪邮生、张志尧等《欧洲的梦想与现实：欧洲统一的历程与前景》，南京大学出版社 2000 年版，第 121 页。

② 伍贻康、周建平、戴炳然、蒋三铭等：《欧洲经济共同体》，人民出版社 1983 年版，第 39 页。

相才递交了英国第二次加入共同体的申请。英国第二次坚定地选择加入欧共体，除了显而易见的经济动机之外，其政治所求也不难理解：单个的欧洲国家无力在世界上发挥更大作用，联合的欧洲才有助于恢复其世界地位[①]。但是这一年戴高乐总统再一次使用了与1963年相似的理由否决了英国的第二次申请，不过这一次他更加强调英国的经济弱点会葬送欧洲经济共同体进一步发展的忧虑。随着这一次对英国的否定，包括挪威在内的其他三国的第二次申请尝试也失败了。但是英国加入共同体的决心还是没有动摇。

从国家安全的角度分析，1968年苏联公开侵占捷克斯洛伐克以后，其扩张势头日益明显，英苏关系趋于恶化，苏联在第三世界的扩张首先威胁到英国在中东和非洲的利益。[②] 1968年英国对欧洲防务重点的重申，将防务范围收缩至欧洲地区，反映出英国实力与其早期目标的脱离，对借助英美特殊关系维持其大国地位已经丧失信心，加强与欧洲的联系势在必行。

对英国来说，以上的系列事件基本都是坏消息，都无助于英国的申请加入。但是到了1969年，英国加入共同体的事情有了很大的转机。首先，长期反对英国加入的法国总统戴高乐于1969年4月辞职，取而代之的是支持英国加入的蓬皮杜总统。其次，这一年10月西德新任的总理也支持欧洲经济共同体的进一步扩大。最后，1969年12月的海牙峰会对这次申请加入的这4个国家表明了开放的态度："只要申请国接受条约和政治目标，接受实施条约所做的决定，接受在发展方

①　阿伦·斯克德，克里斯·库克：《战后英国政治史》，世界知识出版社1985年版，第243～244页，转引自计秋枫、洪邮生、张志尧等《欧洲的梦想与现实：欧洲统一的历程与前景》，南京大学出版社2000年版，第129页。

②　伍贻康、周建平、戴炳然、蒋三铭等：《欧洲经济共同体》，人民出版社1983年版，第40页。

面所做的选择，国家或政府首脑都表示同意以共同体为一方，以申请国为另一方开展谈判。"①

由于英帝国的瓦解，英联邦与其母国联系减少，英美特殊关系降温，最关键的是英国经济的一蹶不振，到了 20 世纪 70 年代初，英国不得不转向欧洲，除了加入欧共体已别无他途。面对内忧外患的严峻形势，1970 年 6 月英国希思政府接受了英联邦重要性已然下降的事实，决定以英美自然关系取代特殊关系，大力推行加入欧共体的政策。② 经过再次申请、谈判、签约和批准之后，英国终于在 1973 年 1 月 1 日加入了欧共体。

综合以上分析，可以看出由于战后英国的相对衰落，欧共体日益增强的经济和政治资源优势对英国产生了强大的吸引，英国为了从欧共体那里获得这些利益就逐渐改变了它的欧洲政策，最终自愿加入欧共体，说明英国认同了欧共体的体制。对于资本主义政治制度相对成熟的英国来说，欧共体的民主制度不可能对英国产生吸引，英国加入欧共体并不是为了改变自己国家的民主制度。英国加入欧共体主要是想通过提高经济实力来巩固其世界政治大国地位，因此笔者认为获得更多的经济利益是英国加入欧共体的最重要的动机。这说明，欧共体对英国发挥吸引的软权力资源主要是代表有形物质的经济资源。

3　爱尔兰、丹麦与挪威申请加入欧共体的情况概述

第一批申请加入欧共体的国家，除了英国以外，还有爱尔兰、丹麦和挪威。

爱尔兰曾经是英国的殖民地和英联邦成员，1949 年独立后，与英

---

① Allan F. Tatham, *Enlargement of the European Union*, Alphen：Kluwer Law International, 2009，p. 19.

② 计秋枫、洪邮生、张志尧等：《欧洲的梦想与现实：欧洲统一的历程与前景》，南京大学出版社 2000 年版，第 127 页。

国的经济关系仍旧紧密，其对外贸易的三分之二基本是与英国进行的。因此当英国提出加入欧共体的申请时，爱尔兰严重依赖英国的经济现状使其几乎无其他备用选项，只能提出加入欧洲经济共同体的申请。当时，英国、西德、法国和荷兰在爱尔兰都有很多投资，许多重要的工业部门都被这几个国家的资本所控制。爱尔兰为摆脱对英国经济的依赖和寻找农产品市场，加之该国天主教势力也想加强与欧陆的联系，因此全民公决以压倒性优势通过了对加入共同体的支持。

　　丹麦和挪威都是欧自联的成员，与英国的情况类似，这两个国家对共同体六国贸易额的比重大于在欧自联的相互贸易，英国和西德还是它们主要的贸易伙伴，丹麦因是农产品出口国希望加入欧洲经济共同体扩大出口。所以丹麦与英国在同一天递交了加入申请，它乐于见到英国的申请，因为如果英国加入成功它的两大贸易伙伴也就可以在同一贸易集团内聚首了。那段时间，丹麦政府的政策被涉及国家利益的经济理性所驱动，这种理性甚至抵消了对可能削弱丹麦主权的种种忧虑①。丹麦的入盟热情基本上保持了始终，在第三轮与共同体的谈判之中，其表现与英国形成了鲜明对照。它没有提那么多的要求或问题，可以说是毫无保留地接受了共同体的要求，甚至表示其工农产品进入共同市场就从入盟之日算起，不需要安排过渡期。② 由于农民和企业家对加入欧共体的热情支持，丹麦以全民公决的高票（63.5%）方式通过支持加入的决定。

　　挪威的申请入盟从一开始到最后都是曲折不断。主要是挪威提出的要求被明显看作对共同市场团结的挑战，这让共同体难以接受。挪威要求其农业享有永久豁免权、其渔业享受特殊待遇，同时还附加对

①　Allan F. Tatham, *Enlargement of the European Union*, Alphen: Kluwer Law International, 2009, p. 11.

②　Allan F. Tatham, *Enlargement of the European Union*, Alphen: Kluwer Law International, 2009, p. 21.

边远、沿海捕鱼区的保护要求。经过双方讨价还价，共同体只认可挪威对其农业、渔业的特殊关切，但对其永久减损的要求不予考虑。最后挪威政府做出了让步，接受了共同体的共同农业政策与共同渔业政策以实行过渡期的形式完成加入。然而，这个时候挪威议会与民众之间发生了关于入盟问题的分歧①。尽管挪威的海运业强烈支持该国加入欧共体，但是由于挪威在政治上的仇德情绪犹在，还担心丧失独立地位，加之在经济方面遭到了该国捕鱼业的强烈反对，在 1972 年 9 月举行的全民公决中有超过半数的人投了反对票（53.5% 到 46.5%）。其实，由于挪威与几个北欧国家保持着特殊的经济联系，如果继续维持与欧共体的自由贸易协定，暂时不加入经济损失也不大②。

从软权力的角度分析，正是欧共体的经济资源对爱尔兰和丹麦产生了足够的吸引，才使得这些国家认同欧共体的体制，选择了加入的道路。与之形成对照的是，欧共体在政治和经济方面对挪威产生的吸引力十分微弱，导致了该国民众在 20 世纪 70 年代初对加入欧共体的第一次否决。

综上所述，笔者认为欧共体/欧盟在第一次扩大的过程中，发挥吸引作用的软权力资源主要是代表物质利益的经济资源。

笔者将欧共体 1973 年的扩大与欧盟 1995 年的扩大合并为一个案例进行分析，是因为这两批申请国的共同点是——原来保持中立的欧洲小国都想借助欧洲一体化的东风获取可观的经济收益，这些国家基本上只对经济一体化成果情有独钟，而对政治一体化则冷眼观之。所以本章第三节也要对欧盟的第三次扩大做简要分析。

---

① Allan F. Tatham, *Enlargement of the European Union*, Alphen：Kluwer Law International, 2009，p. 22.

② 计秋枫、洪邮生、张志尧等：《欧洲的梦想与现实：欧洲统一的历程与前景》，南京大学出版社 2000 年版，第 130 页。

第三节　对欧盟第三次扩大的分析

在本书中欧盟的第三次扩大是指 1995 年奥地利、芬兰和瑞典加入欧盟。这些入盟的国家都是欧自联的主要成员。欧自联的其他成员国，如奥地利、芬兰、挪威、瑞典和瑞士都曾向欧共体/欧盟正式提出过加入申请，但是在这一批申请国当中，只有奥地利、芬兰和瑞典最终于 1995 年成功加入了欧盟。

冷战结束以后，保持国际中立的北欧国家对国家安全的担心减轻了，反映在对外政策上就是这些国家开始向欧洲中心地带的组织靠拢，这时候一直宣扬欧洲大陆团结的欧盟成为它们向回看的目标。由于这些国家基本都是欧自联的成员，除了政治因素的推动，经济上的不满足也成为其选择加入欧洲的重要动力。这些欧自联国家已经认识到，欧洲经济区属于"半成品"（halfway house），难以满足其远大的志向，为了最大限度地保护自己的国家利益，它们要申请加入欧盟①。1989 年的欧自联国家，除了奥地利清醒地意识到欧洲经济区只是其加入共同体的必要通道，其他欧自联国家对欧洲经济区的局限直到 1991 年初才完全看明白，那就是只有拥有正式成员国的地位才可以享有充分的决策权。欧洲经济区的设计意图仅仅是从经济方面将欧自联国家纳入其中，欧洲经济区给予的有限决策与欧自联国家早期的希望相去甚远。

与欧盟东扩的情况不同，这一批国家中最终没有加入欧盟的，主要不是由欧盟的拒绝造成的，而是有些申请国在申请的最后阶段自愿放弃了加入欧盟的机会。例如，挪威在 1973 年欧共体第一轮扩大的时

---

① Allan F. Tatham, *Enlargement of the European Union*, Alphen：Kluwer Law International, 2009，p. 47.

候和 1995 年欧盟扩大的时候，都曾参加了入盟谈判，但是因其入盟的待遇遭挪威全民公决否决，挪威最终选择了放弃。无论是最终坚持加入欧盟的国家，还是如挪威、瑞士这样最后主动放弃加入的国家，其实都是国家利益选择的结果。

先说瑞典。瑞典的商品严重依赖英国的市场，它曾经跟随英国向欧共体两次提出过加入申请，随着英国被法国总统的两次否决，瑞典的加入也随之失败。当英国第三次发起申请并最后成功加入的时候，瑞典却选择了另一条道路。它没有再次申请，而是与共同体缔结了双边贸易协定。奥地利在 20 世纪 60 年代也被欧洲经济共同体的经济成就所吸引，但是当它想尝试申请加入的时候，却被苏联阻止。苏联给出的理由几乎让奥地利无法辩驳，那就是根据 1955 年的国家条约，苏联承认奥地利的独立是以奥地利保持永久中立和禁止与德国结盟为主要前提条件的。在苏联的阻扰之下，奥地利最后改变了加入共同体的立场，以创建欧自联取而代之。① 这也充分说明，如果冷战未结束和苏联权力未受到削弱，欧自联中立国家加入欧盟的过程将会变得更加复杂和曲折。

1995 年加入的申请国与 1973 年加入的申请国存在很大的相似之处：从积极的一面看，爱尔兰作为一个中立的小国由于积极参与欧洲一体化，其市场得到繁荣成为大获收益的榜样；从消极的一面看，英国和丹麦都有政府间主义者和吝惜国家主权的偏好，这两个国家主要是从经济的角度考虑对欧洲一体化感兴趣，而对政治一体化则兴趣索然。因此，历史昭示，1995 年的扩大充其量只会在稍大的政府间框架内将欧盟的一体化向某些领域推进，尤其是向经济领域推进，或者说，

---

① Allan F. Tatham, *Enlargement of the European Union*, Alphen：Kluwer Law International, 2009, pp. 57 – 58.

这次扩大至少说明政治一体化较为迟缓的事实。

　　然而，1995 年的欧盟与 1973 年的欧共体已不可同日而语，当初的环境与现在也截然不同，1995 年的扩大有了更多具体的审查要求。20 世纪 80 年代末 90 年代初的中东欧国家与地中海国家，只要政治经济方面的约束宽松到足以使加入欧盟成为可能，它们基本上会选择申请加入，然而欧自联的成员国却不会那样有始有终。20 世纪 50 年代后期，以组建欧自联为手段，相关国家以含蓄的方式拒绝了羽翼未丰的欧盟，更有甚者，挪威在 1972 年的全民公决中以公开的方式宣示拒绝加入。1992 年 5 月瑞士递交了加入申请，但是在这一年年底举行的全民公决中又否决了申请。冰岛由于国内对共同渔业政策的疑虑，所以没有申请加入欧盟。

　　尽管欧自联国家在申请加入欧盟的道路上常常表现得三心二意，但是这些国家的申请却得到欧盟的高度重视，有五种原因显而易见，这或许正是欧盟所期望的[①]。

　　（1）欧自联已经与欧盟建立了独特的贸易关系，不仅欧盟是欧自联的主要贸易伙伴，而且欧自联也是欧盟的主要贸易伙伴，其贸易规模相当于美国、日本的加总。对于双方的成员国而言，可以更加便利地进入对方的市场，而且是互利互惠的；（2）欧自联是由民主、富裕和发达的国家组成，这些国家的规模与欧盟部分成员国类似；（3）欧自联国家的富裕程度足以使其成为欧盟预算的净摊派国，这虽然不是欧盟吸纳其的必要条件，但实际上却非常有用；（4）大多数欧自联成员国的经济一体化水平很高，甚至还高于一些边缘化的欧盟成员国，比如希腊；（5）就根本的生活方式而言，欧盟本来就是西欧民主国家

---

① John Redmond, "Introduction", John Redmond's (edits), *The 1995 Enlargement of the European Union*, Aldershot：Ashgate, 1997, pp. 3 - 4.

的俱乐部，由于欧自联国家的缺席而显得不伦不类。

　　由于欧自联国家的综合实力较高，在与欧盟建立扩大关系的过程中，它们带给欧盟的问题相对少一些，问题的严重程度也较低。例如，奥地利的经济与单一市场的融入程度较高，采用欧盟法规的程度也较高，所以共同农业政策的引入不会给其带来很大的困难，但是需要修改对农产品的高度保护政策。奥地利的交通环保标准比共同体还要严格，在这方面它反而不接受共同体实行的较低标准的政策。再说瑞典，由于冷战结束，该国的中立政策也修改为"以一个欧洲国家的身份确立瑞典的外交与安全政策"并坚定表示将以欧盟成员国的身份全面参与共同外交与安全政策的意愿。瑞典对农产品的市场定价要求与共同农业政策持平或低一点，这一要求自然会让欧盟轻松不少。另外，瑞典的高标准环保和对人权的关注，还反过来要求欧盟在地区政策和经济与社会团结政策上给予支持。而芬兰入盟的许多情况与奥地利、瑞典类似，委员会对芬兰的加入似乎更加欢迎。因为芬兰的入盟，可以为经济、货币、财政甚至共同外交与安全政策等各方面的加强创造条件，尽管该国有中立的原则，国内北部与东部地区也面临政策调整的问题。① 所以，学术界有一种观点认为，1995 年的扩大是欧盟历史上吸收经济富裕、高度民主、环保积极等具有良好资源的申请国家的最后一次扩大了，这样的好事欧盟以后不会再有了。

　　但是这些国家也有令欧盟不悦的缺点②。

　　（1）由各国政府所推动的入盟事宜，其国内的民众并非一定认可，挪威和瑞士就是因为其国内的民众与政府意见相左，入盟步伐受

----

① Allan F. Tatham, *Enlargement of the European Union*, Alphen：Kluwer Law International, 2009, pp. 62 – 65.

② John Redmond, "Introduction", John Redmond's（edits）, *The 1995 Enlargement of the European Union*, Aldershot：Ashgate, 1997, p. 4.

到牵制。就算最终能够加入欧盟，如果采取与英国和丹麦类似的立场，疑虑重重，必定会麻烦不断。

（2）欧自联国家对其农业部门的补贴实际上还高于欧盟，而欧盟因为共同农业政策成本过高的内部压力以及乌拉圭回合贸易谈判的外部压力，主张削减农业补贴，欧自联国家的做法显然与这种潮流相违背。

（3）寻求欧盟成员国身份的决定有时代表一种完全适得其反的政策，这些国家要么以含蓄的方式拒绝加入欧盟，要么以公开投票的方式反对加入欧盟（如挪威），甚至连欧洲经济区也拒绝加入（如瑞士）。

这些观点总括起来，从软权力的角度分析就是：第一，欧自联成员国本身就是民主化程度很高的国家，欧盟的民主制度对它们的吸引力不大。更有甚者，挪威和瑞士就是因为其国内的民众与政府意见相左，才以"民主的方式"主动暂缓了入盟进程。第二，欧自联国家本身的富裕可以与欧盟多数成员国相媲美，反而对欧盟形成一种吸引力，这也使得它们加入欧盟不紧迫，而是要反复权衡经济得失再决定。这说明第三批申请入盟的国家，吸引它们的主要是欧盟的经济利益和更为长远的发展前途。

欧洲的学者是这样解释的，欧自联国家为什么又要在 20 世纪 90 年代做出追求欧盟身份的选择呢？这些富裕和民主的国家在寻求欧盟成员国的身份过程中总伴随着一定程度的矛盾心理，这种心理可以用凯尔斯朱朴（Kelstrup）"一体化困境"的观点来解释：一个国家总是面临着这样的选择困境，要么冒着被卷入欧洲一体化的风险来放弃一部分实质性的主权，要么冒着被一体化抛弃和孤立的危险来坚持自己的独立。据此欧洲学者断言，欧自联国家选择加入欧盟，并非对欧洲一体化抱有好感，并非要实践欧盟创立者的理想，而是受负面情绪的驱动，那就是——之所以愿意加入欧盟只是为了避免不加入欧盟所付出的代价。具体而言，主要有两种原因可以说明这些国家申请加入欧盟的动机。最初的驱动力来自单一市场。就是恐惧被单一市场所排斥，这倒不是对市场准入限制有所担心，而是怕随之而来的由于经济规模的丧失，无法吸引国外投资者，也怕被排斥在欧盟公共采购市场之外。另一个重要的因素是，曾经对欧自联国家有着重要政治与经济影响的苏联集团的垮台，放松了对欧自联中立国家地位的限制，一些欧自联国家也需要加强与西方的经济联系来取代与东欧的贸易。基本的经济与政治力量的相互作用促使欧自联国家越来越强烈地感受到欧盟就代表欧洲，当一个国家递交入盟申请引发周边国家争先模仿时就产生了一种赶"时髦"的效应（a related 'bandwagon' effect）。①

然而，两个欧自联成员国——冰岛和瑞士，对这股加入欧盟的热潮保持淡定，只不过瑞士对于欧盟成员国的身份曾有短暂的眷恋。欧自联的第七个成员国——列支敦士登，很明显想加强与欧盟的联系，不能排除将来向欧盟递交申请的可能。尽管瑞士拒绝加入欧洲经济区（EEA），使得列支敦士登与瑞士的关系处于难以预料的尴尬境地，但是列支敦士登已经率先参加了欧洲经济区。实际上，由于列支敦士登领土面积小，在1995年加入欧盟是不可能的，要让欧盟接受袖珍型国家加入，必须等到欧盟进行必要的机构改革，而改革又必须获得现有成员国的同意。鉴于冰岛并未认真考虑申请加入欧盟一事，好像意味着领土面积大小不是问题。实际上，冰岛之所以对加入欧盟三心二意，主要原因是该国的经济主要依赖于捕鱼业。加入欧盟将意味着，参与欧盟的共同渔业政策，接受开放原则，冰岛的捕鱼水域将向欧盟所有渔民开放。②

从软权力的角度解读欧盟的第三次扩大，可以认为这次扩大之所以

---

① John Redmond, "Introduction", John Redmond's（edits），*The 1995 Enlargement of the European Union*, Aldershot：Ashgate，1997，pp. 4 – 5.

② John Redmond's（edits），*The 1995 Enlargement of the European Union*，Aldershot：Ashgate，1997，pp. 5 – 6.

仅仅吸纳了欧自联的三个国家，主要是因为欧盟的软权力吸引力微弱。对于经济富裕也并不缺乏民主保障的众多欧自联国家而言，欧盟提供的一般性的经济资源与民主资源吸引力比较微弱。除非欧盟提供的经济利益具有保障欧自联国家未来政治地位不受损失的长远功效，才会吸引如奥地利、芬兰和瑞典等国加入。列支敦士登的例子说明，欧盟作为软权力的施动者，尽管对袖珍型的欧洲国家产生了吸引，但是欧盟并不愿意与这样的国家分享其资源，所以软权力的吸纳关系也就无从建立。如果欧盟不能提供足够多的经济资源，挪威和冰岛等国可能还会继续置身事外。从英国、丹麦、奥地利、芬兰和瑞典等欧自联国家加入欧盟后的表现看，这些国家总体上对欧洲经济一体化怀有一定的兴趣但对"实践欧盟创立者的理想"等事关政治一体化的事务则显得冷淡多了。

综合欧盟第一次扩大和第三次扩大的分析，由于这两次扩大的申请国都将追求经济利益放在首位，说明欧盟在这两次扩大中发挥吸引作用的软权力资源主要是代表物质吸引的经济资源。

第四节　本章小结

本章梳理了英国和其他欧自联国家申请加入欧共体/欧盟的相关材料，通过合并欧共体第一次扩大和欧盟第三次扩大的案例，笔者发现，与欧盟政治制度相同的申请国自愿加入欧盟，不是为了改变自己国家的民主制度，而是为了实现国家经济的持久发展并以此为基础来保障未来的政治利益。据此笔者认为，欧盟的第一次和第三次扩大，其经济资源主要发挥了软权力的吸引作用。

欧盟的第一次和第三次扩大讲述，绕过了欧盟第二次扩大的内容，那么欧盟的第二次扩大是哪种权力资源发挥了主要的吸引作用，正是本书第六章需要探讨的内容。

第六章　欧盟第二次扩大的软权力案例

第一节　第二次扩大的软权力关系背景

本书中第二次扩大是指 1981 年希腊、1986 年西班牙和葡萄牙加入欧共体,从地理位置上讲这些国家处于欧洲南部,因此这一轮扩大也称为南扩。欧共体在 20 世纪 70 年代,吸纳英国、爱尔兰和丹麦之后,实现了第一次扩大。当时的南欧国家如希腊、西班牙和葡萄牙等都处于欧共体之外。这三个国家在经济上比较落后,与欧共体九国的经济发展水平差距较大,高失业率和农业人口众多是这三个国家经济的主要特征。[①] 这三个南欧国家的国民生产总值,也比不上欧共体九国的国民生产总值,但是却面临着比欧共体九国更为严重的通货膨胀与更疲软的货币。[②] 除此之外,这三个国家都存在独裁统治。

欧共体与希腊早在 1961 年 7 月就签订了逐步开放贸易和财政援助的协作条约,帮助希腊发展经济,以便为日后加入扫清"不够发达"的障碍,但是 1967 年 4 月希腊发生军事政变建立独裁的军事政权之

---

① 计秋枫、洪邮生、张志尧等:《欧洲的梦想与现实:欧洲统一的历程与前景》,南京大学出版社 2000 年版,第 131 页。

② 〔法〕皮埃尔·热尔贝:《欧洲统一的历史与现实》,丁一凡、沈雁南等译,中国社会科学出版社 1989 年版,第 347 页。

后，欧共体"冻结"了与之签订的联系协定。联系协定中包括财政援助在内的其他条款均被中断执行，共同体仅保留了有关建立关税同盟的共同关税制度和发展双方贸易关系的规定。① 直到 1974 年，希腊军人政权结束，民主政体得以恢复，它与欧共体签订的联系协定才得以继续。卡拉曼利斯政府选择了坚定依靠欧洲的政策②，于 1975 年 6 月向欧共体提出了加入申请，经过谈判（1976 年 7 月至 1979 年）、签约（1979 年 5 月）和议会的批准，希腊于 1981 年 1 月正式成为欧共体的第 10 个成员。

法国曾经担心过这些南欧穷国的加入会影响法国农民的利益，但是更大的地缘政治的关切抵消了法国的顾虑，那就是地中海东部地区的不稳定。德国担心对希腊的拒绝会影响其正在申请的北约成员国身份，而欧共体的决心已经显而易见，就是要帮助南欧国家巩固脆弱的民主制度。延误谈判的任何忧虑势必会向西班牙和葡萄牙传递完全错误的信号。③

在 20 世纪 50～60 年代，西班牙和葡萄牙与英国贸易关系密切，1961 年英国申请入盟的行为，引发了这两个国家与欧共体的谈判。西班牙和葡萄牙两国跟希腊加入欧共体的经历有许多相似之处，20 世纪 70 年代中期独裁政权结束后，这两个半岛国家才得以向欧洲共同体靠拢。这两个南欧国家有着强烈的对外开放和实现一体化的愿望，葡萄牙和西班牙在恢复民主之后申请加入欧洲经济共同体就是明证。两国曾于 1962 年向欧洲经济共同体提出过加入申请，但遭到拒绝，所以它们一直处在欧洲经济与政治一体化组织之外④，直到 1977 年才出现转机。

---

① 伍贻康、周建平、戴炳然、蒋三铭等：《欧洲经济共同体》，人民出版社 1983 年版，第 67 页。

② 〔法〕皮埃尔·热尔贝：《欧洲统一的历史与现实》，丁一凡、沈雁南等译，中国社会科学出版社 1989 年版，第 346 页。

③ Allan F. Tatham, *Enlargement of the European Union*, Alphen：Kluwer Law International, 2009, p. 31.

④ 〔法〕法布里斯·拉哈：《欧洲一体化史（1945－2004 年）》，彭姝祎、陈志瑞译，中国社会科学出版社 2005 年版，第 79～80 页。

葡萄牙是欧自联的成员国，20 世纪 60 年代初曾追随英国申请加入共同体，但被共同体以独裁政体和经济发展欠佳为理由拒绝，其后该国一直要求与共同体建立"尽可能密切的关系"。① 该国经历"铃兰革命"以后，结束了专制政权，恢复了民主政权和普选，并于 1977 年 3 月提出了加入欧共体的申请。②

1945 年佛朗哥统治下的西班牙在欧洲外交中彻底陷入孤立，遭到民主国家唾弃。西班牙由于长期处于佛朗哥政权的独裁统治之中，虽然有意与共同体建立联系关系，但都未能被共同体接受。西班牙的政治变化结束了它的孤立地位，佛朗哥死后西班牙建立了议会制君主政体，并于 1977 年 7 月提出了加入欧共体的申请。对葡、西两国来说，加入共同体都是历史性的转折。③ 1986 年 1 月 1 日，这两国正式加入，欧共体成员从此增至 12 国。

从软权力的角度分析，由于这三个国家渴望得到更多的经济利益和更有保证的民主，所以欧共体的经济资源和民主制度模式都会对它们产生吸引作用。那么，这两种资源的作用哪一种更大一些呢？笔者需要做进一步的分析。

第二节　第二次扩大的软权力资源分析

由于欧共体的经济实力明显领先于这三个南欧国家，这预示着欧共体具有向后者提供经济资源吸引的可能与必要性。从获得经济收益的角

---

① 伍贻康、周建平、戴炳然、蒋三铭等：《欧洲经济共同体》，人民出版社 1983 年版，第 68 页。

② 〔法〕皮埃尔·热尔贝：《欧洲统一的历史与现实》，丁一凡、沈雁南等译，中国社会科学出版社 1989 年版，第 347 页。

③ 〔法〕法布里斯·拉哈：《欧洲一体化史（1945－2004）》，彭姝祎、陈志瑞译，中国社会科学出版社 2005 年版，第 79 页。

度分析，南欧三国加入欧共体对双方各有好处。由于这三个国家经济相对落后，尤其是葡萄牙和希腊的农业比重较大，加入欧共体后可以从共同体的农业基金和地区开发基金中获得大量收益，同时也可以借助共同体的经济力量推动三国经济结构的改革，促进经济发展和工业现代化。[①]

但是经济上的物质吸引并不是决定政治决策的唯一因素。如前文所述，一个国家对其利益的追求，既有物质成分又有非物质的内容。这三个南欧国家由于政治独裁遭受过被欧共体孤立的痛苦，所以它们对民主的渴望尤为强烈。

虽然当时的欧共体九国的经济比三个南欧申请国发达，但是欧共体的经济也有遭遇挫折的时候。1974～1975 年西欧资本主义世界发生了战后最严重的一次经济危机，欧共体各国也不例外，危机之后，欧共体各国又普遍陷入了持久的经济滞胀，使本来已趋于迟缓的经济一体化，遭受严重挫折，甚至使某些共同体政策趋于停顿。[②] 从欧共体经济一体化面临重重困难之际，希腊、葡萄牙和西班牙三国却先后正式加入欧洲共同体的申请，这种情况表明，欧洲共同体作为一个集团在西欧有着重要的存在价值，并且对周边国家具有相当大的吸引力。[③] 从欧共体将民主代议制作为吸纳新成员国的条件，南欧三国也并未因为当时欧共体正在遭受的经济困难而拒绝加入的实际情况看，这三个申请国其实特别看重国家民主制度的巩固。

法国学者指出，这"三个新成员的加入突出了正在建设中的共同体的实质，即它不仅仅是一个人员和物资自由流动的共同市场，而且

---

① 伍贻康、周建平、戴炳然、蒋三铭等：《欧洲经济共同体》，人民出版社 1983 年版，第 70 页。

② 伍贻康、周建平、戴炳然、蒋三铭等：《欧洲经济共同体》，人民出版社 1983 年版，第 66 页。

③ 伍贻康、周建平、戴炳然、蒋三铭等：《欧洲经济共同体》，人民出版社 1983 年版，第 66 页。

是一个价值共同体,这就是为什么1967年希腊独裁政权复辟时,奉行民主制度的欧洲经济共同体冻结了与希腊在1961年签署的联合协议的原因"。① 在20世纪70年代,这三个国家相继结束了国内的独裁统治,为成功加入欧共体扫除了政治上的障碍。所以说,南欧三国政府提出申请加入欧共体的目的,不仅是想得到工业与农业方面的经济利益,而且首先期盼的是通过加入巩固政治稳定。从发生在欧共体第二次扩大事件中的软权力关系可以看出,南欧三国当时最渴望的就是获得更有保障的民主,其次是获得更多的经济利益,当时的欧共体不仅有提供这两种资源的能力,而且从地缘政治的角度看,更有提供这两种资源的便利和可能。

1978年4月,委员会向理事会提交了对这次扩大的总体考虑意见:"当希腊、葡萄牙和西班牙,作为长期独裁统治结束之后新出现的民主国家,请求被共同体承认,它们所做的承诺主要是政治性的。它们的选择是同等重要的,既反映了这三个新民主国家对于独裁复辟的防御与加强,也构建了统一欧洲的信念行为。它们的选择证明了创立共同体的理想依然具有活力或重要意义。这三个国家向共同体递交了一种无法拒绝的政治责任,如果拒绝就要付出否认共同体创立本身就一直坚持的各种原则。"②

当时的欧共体表示愿意吸纳南欧三国,也是为了巩固和扩大西方的宪政民主制度,"保持其地中海侧翼社会和政治的稳定"。③ 当时欧

---

① 〔法〕法布里斯·拉哈:《欧洲一体化史(1945–2004)》,彭姝祎、陈志瑞译,中国社会科学出版社2005年版,第79页。

② European Commission, Communication, "General Considerations on the Problems of Enlargement": Bull. EC, Su, pp. 7–8, 1978.

③ Daltrop, Anne, *Politics and the European Community*, Longman, 1982, p. 153. 转引自计秋枫、洪邮生、张志尧等《欧洲的梦想与现实:欧洲统一的历程与前景》,南京大学出版社2000年版,第130~131页。

共体的政治考虑是，应该帮助这些年轻的民主政权巩固起来，欢迎它们加入欧洲大家庭的怀抱。① 欢迎南欧三国加入共同市场，能够避免因拒绝这三国的申请而引发的政治风险，加入共同市场改善这三个国家的经济，可以为维持民主政治打下基础。

1978 年委员会对葡萄牙的申请态度表示欢迎，主要是欧共体看重巩固这个国家新生民主制度的重要性，但对该国经济长期落后的事实并没有否认，只是没有像 20 世纪 60 年代那样作为拒绝葡萄牙加入的理由，这说明欧共体对其民主权力资源的扩大与传播在有些情况下的重视程度甚于经济利益。委员会提交给理事会的文件中对葡萄牙的经济描述，还是客观的：

"从评估葡萄牙经济权重的角度看，它对于共同体的经济影响非常有限。葡萄牙仅代表共同体九国总人口的 3% 和 GDP 的 1%。这些极可能引起的问题主要源于发展的巨大差距。虽然差异可以增添共同体的多样性，但是共同体机构的决策会变得更加困难。"

"对葡萄牙而言，加入要迫使其对经济领域的缺陷要做全面和必要的修补……（该国 20 世纪 60 年代改革的失败）在所有的部门都造成了经济和社会重大结构的缺陷。28% 的人口仍旧从事农业生产，但是只对 GDP 做出了 14% 的贡献。这一事实限制了葡萄牙农业生产的潜力，也让更多缺乏效率的其他情况阻碍生产力的全面发展。导致的结果就是这个国家多年来农业部门的严重亏空。"②

对于西班牙的这一次申请，委员会当然也是欢迎的，但是依然没有掩饰所要面对的实际问题："假装西班牙的加入会没有问题这是毫

---

① 〔法〕皮埃尔·热尔贝：《欧洲统一的历史与现实》，丁一凡、沈雁南等译，中国社会科学出版社 1989 年版，第 347 页。

② European Commission, *Opinion on Portuguese Application for Membership*：Bull. EC, Su, pp. 1 – 8, 1978.

无意义的……成功就意味着西班牙的经济应融入共同体的经济，双方都要有所束缚……当融入进程结束之时，共同体应以加强而不是以'稀释'的面目出现。"①

由于以上问题的客观存在，所以在谈判阶段就出现了一些艰难的局面。以法国为例，从政治利益考虑，它带头支持一些国家的申请，这样做既能稳定这些国家政治方向的重新定位，又能在欧洲经济共同体南北派别对峙上扮演桥梁的角色。可是一旦涉及成员国地位的细节问题，法国对南扩的支持就畏缩不前了。直到1983年秋季，在农业事务第一阶段谈判取得突破的时候，法国可以接受水果、蔬菜、葡萄酒、橄榄油等来自地中海申请国农产品的条件时，它的纠结才停止。② 毕竟对于欧共体九国而言，一个5000多万人口的广大市场向它们开放，必定有利于扩大商品和资本的输出，便于获得高额利润。正是由于在当时情况下，欧共体与申请国双方在政治和经济上互有需求，对加强西欧联合有一致的基础和强烈的愿望，所以欧共体对于南欧三国的申请，迅速协调了有关各方的意见，执委会和部长理事会，表现出了比20世纪60年代对英国等第一批申请国更加积极和明朗的态度，相继宣布原则上同意接受三国的申请。③

笔者认为，软权力吸引力的强弱既取决于权力双方对权力资源的共享程度，也取决于权力双方互动行为的适当程度。在第二次扩大的过程中，由于这三个申请国对改善经济和巩固民主都有渴望，而欧共体也愿意向这些国家输出资本和民主，说明构成软权力吸引关系的双

---

① European Commission, *Opinion on Span's application for membership*：Bull. EC, Su, pp. 7 - 8, 1978.

② Allan F. Tatham, *Enlargement of the European Union*, Alphen：Kluwer Law International, 2009, pp. 41 - 42.

③ 伍贻康、周建平、戴炳然、蒋三铭等：《欧洲经济共同体》，人民出版社1983年版，第66页。

方对权力资源的共享程度较高。这三个申请国选择加入正好处于欧共体对外推行民主和对内深化经济一体化的适当时机，这说明第二次扩大过程中软权力双方的互动行为比较适当。这可以解释，尽管南欧三国是穷国但欧共体却表现了比20世纪60年代对英国等第一批申请国更加积极和明朗态度的原因。

笔者也注意到，有的国家例如希腊之所以积极向欧共体靠拢，除了在政治与经济方面对欧共体有所求之外，还受到第三方国家如土耳其与美国的干扰。但就总体史实而言，希腊、西班牙与葡萄牙这三个国家的申请加入，反映出欧共体的民主价值与制度对于申请国具有明显的吸引作用，因此笔者认为欧共体的第二次扩大，证明了欧共体的无形资源发挥了主要的吸引作用。

第三节 本章小结

本章从欧共体第二次扩大的史实中，发现欧共体吸引南欧三国申请加入的软权力资源除了经济因素之外，最明显的还有政治动因。由于三个南欧国家的独裁统治，长期被排斥在欧共体之外，到20世纪70年代后期政治障碍相继消除之后，才成功加入了当时经济并不太景气的欧共体。这说明构成软权力关系的双方——欧共体和南欧三国，对共享西方民主制度都怀有比获取经济利益更强烈的动机。据此笔者认为，欧盟的第二次扩大，经济资源虽然发挥了吸引作用，但是欧盟民主制度的吸引却是首要因素。

第七章　欧盟第四次扩大的软权力案例

第四次扩大是指欧盟东扩的实现，即 8 个中东欧国家爱沙尼亚、拉脱维亚、立陶宛、波兰、捷克共和国、斯洛伐克、匈牙利和斯洛文尼亚和两个地中海岛国马耳他、塞浦路斯 10 国加入欧盟，再加上 2007 年保加利亚与罗马尼亚两国入盟。由于马耳他和塞浦路斯都是小国，为了突出重点，笔者对欧盟第四次扩大的分析主要针对除这两个岛国之外的其余 10 个中东欧国家。因此笔者依据当时欧盟与这 10 国发生的软权力吸引关系的背景，就可以甄别欧盟在第四次扩大中的软权力资源。

第一节　第四次扩大的软权力关系背景

在欧盟东扩前夕，研究者就预测到，欧盟东扩不仅将改写欧洲格局，具有重要的战略意义，而且也将为其新老成员国带来巨大的政治和经济利益，当然还有重大的安全利益。

从欧盟的安全收益上看，此次东扩有助于遏制、化解后冷战时期中东欧地区频频发生的民族冲突和战争危机，有利于控制这一地区的民族矛盾和边界争执等问题，能够更有效地打击贩毒、走私等有组织的跨国犯罪活动，使这些国家进一步稳定和巩固西方的政治制度。

从欧盟的经济收益看，东扩更为重要，这些国家土地肥沃，自然资源丰富，特别是中东欧国家的劳动力素质较高，劳动成本远低于西欧国家，加之地域相连，交通便利，文化相近，如果东扩，这些国家将为欧盟提供一个一亿多人口、超过 100 万平方公里的巨大的投资市场，欧盟的地缘经济区域将得到极为重要的扩张，其在世界经济体系中的地位将变得更为强大。[1]

从政治收益上看，在世界向多极化发展的趋势下，东扩必将增强欧盟在欧洲地缘政治中的主导地位，提高其作为世界政治重要一极的国际战略地位。[2]

对这些利益的认识不仅反映在欧盟政治精英层面，还反映在欧盟成员国民众的认识与支持上。2002 年 4 月欧洲民意调查显示，有 51%的民众支持欧盟东扩，支持率比前一年增加了 8 个百分点，反对率则下降了 5 个百分点；2002 年 10 月的民意调查显示，53%的人认为东扩可以保证欧洲的和平与安全，63%的人认为东扩可以增强欧盟的国际地位。尽管欧盟民众的支持率仅仅超过半数，但是总体而言欧盟民众是支持欧盟东扩的。[3] 结合欧洲国家民主政治生活的实际状况，这样的支持率对于促成欧盟东扩的决策已经不低了。

入盟前的中东欧国家在政治与经济两方面，与过去任何一次欧盟扩大过程中吸纳的新成员国相比，都存在着巨大差距：从经济体制与经济发展水平来看，中东欧国家长期实行的是计划经济，与欧盟的"市场经济"要求差距巨大，而且这些国家的经济发展水平比过去欧盟扩大中吸纳的任何国家都要落后；从政治体制上讲，这些国家在过

---

① 沈雁南：《提要》，见郑秉文主编《欧洲发展报告 No.7 （2002 - 2003）》，社会科学文献出版社 2003 年版，第 7~8 页。

② 陈新：《欧盟东扩：历史性的挑战与机遇》，见郑秉文主编《欧洲发展报告 No.7 （2002 - 2003）》，社会科学文献出版社 2003 年版，第 7 页。

③ 陈新：《欧盟东扩：历史性的挑战与机遇》，见郑秉文主编《欧洲发展报告 No.7 （2002 - 2003）》，社会科学文献出版社 2003 年版，第 16 页。

去 40 多年都是一党制，这在欧盟看来"都是不民主的政府"，20 世纪 80 年代末 90 年代初，执政的共产党下台之后新政府的政治体制距离欧盟吸纳"民主国家"的条件仍然相差很大。①

中东欧国家政局发生巨变之后，为了应对"安全真空"采取了三项措施：发展睦邻周边关系、开展多边地区合作和"回归欧洲"。然而，由于对利益冲突的协调不力，中东欧国家间的地区合作进展缓慢，各国都将加入欧盟与北约作为其对外政策的优先选择。②

欧盟是世界上唯一一个区域一体化成功的范例，从欧共体成立到中东欧国家加入前，它已成为世界经济中重要的一极，而且其大多数成员国属于发达国家，这对于经济落后的中东欧国家具有巨大的经济感召力和吸引力。欧盟作为世界贸易集团中非常重要的一极，在欧洲和国际贸易谈判中具有举足轻重的政治和经济力量，加入这样的组织能够使中东欧国家完全参与制定对欧洲大陆有重大影响的共同外交与防务政策，以及司法与内政政策，还能够借助欧盟整体的经济实力在国际商贸谈判中获得比不加入更大的筹码。欧盟作为具有共同的西方文化背景的国家集合，被中东欧国家视为回归的"精神家园"。③ "作为文明归属的'精神家园'和经济繁荣的共同体，欧盟对经济上落后并渴望'回归欧洲'的中东欧国家来说具有巨大的吸引力。"④

因此，中东欧国家极度需要欧洲：在经济上由于其普遍落后，亟须欧盟经济方面的帮助；在政治上，经过几十年分裂的欧洲在冷战结束之后，中东欧国家都希望"回归欧洲"；在安全方面，中东欧也需

① 杨友孙：《欧盟东扩与制度互动：从一个入盟标准说起》，世界知识出版社 2008 年版，第 127 页。
② 朱晓中：《中东欧与欧洲一体化》，社会科学文献出版社 2002 年版，第 9~14 页。
③ 朱晓中：《中东欧与欧洲一体化》，社会科学文献出版社 2002 年版，第 272~273 页。
④ 朱晓中：《中东欧与欧洲一体化》，社会科学文献出版社 2002 年版，第 36 页。

要欧盟作为安全伞。中东欧国家除了看到自身的需要之外，也看到了早期加入欧盟的欠发达国家由于借助欧盟的优势获得发展的先例。早期加入欧盟的爱尔兰、希腊、西班牙和葡萄牙等国不仅获得了稳定、安全与繁荣的保障，而且还促进了现代化的进程，这一历史经验无疑启发了中东欧国家，况且中东欧国家比那些国家的经济还要落后，因此中东欧国家的入盟愿望比之前任何一个入盟国家都要迫切。①

1993 年的哥本哈根首脑会议是欧盟与中东欧国家关系改善的重要里程碑，标志着欧盟历史上最富有雄心的一项扩展计划已经正式开始。在这次会议上，欧共体宣布："鉴于中东欧联系国如此渴望成为欧盟成员国，一旦联系国能够通过满足所要求的经济和政治条件并能够履行成员国的义务，加入欧盟就将实现。""成员国身份要求申请国达到制度稳定，以确保民主、法治、人权和尊重、保护少数民族，市场经济存在有效，有能力应对在联盟之内的竞争压力和市场冲击。成员国的身份意味着申请国有能力遵守成员国的义务，包括坚守联盟的政治、经济与货币目标。欧盟吸收新成员的能力，也是保持欧洲一体化的动力，这是欧盟和申请国广泛利益的重要考虑因素。"② 这次会议，欧盟向中东欧国家提出了三项入盟标准：一是具有确保民主、法治、人权和尊重与保护少数民族的稳定制度；二是具有行之有效的市场经济和应对联盟内部竞争压力和市场力量的能力；三是具有履行成员国义务的能力，包括恪守政治、经济和货币联盟的目标。③ 这次会议，标志

---

① 杨友孙：《欧盟东扩与制度互动：从一个入盟标准说起》，世界知识出版社 2008 年版，第 127 ~ 129 页。

② Presidency Conclusions, European Council, Copenhagen, 21 ~ 22 Jun. 1993：SN 180/93. 转引自 Allan F. Tatham, *Enlargement of the European Union*, Alphen：Kluwer Law International, 2009, pp. 87 – 88.

③ 〔法〕法布里斯·拉哈：《欧洲一体化史（1945 – 2004）》，彭姝祎、陈志瑞译，中国社会科学出版社 2005 年版，第 166 页。

着欧共体/欧盟对中东欧联系国政策的重大转变，被看作欧共体/欧盟从西欧一体化正式步入欧洲一体化的开始，从此以后相关的争论就由中东欧国家是否可以成为欧盟成员国的问题，转变为何时成为欧盟成员国的问题。

此声明发表后不到一年，匈牙利就成为第一个申请加入欧盟的中东欧国家。不久之后波兰递交了加入申请。其他大多数中东欧国家在1995年集中递交了加入申请。最晚递交申请的两个国家是捷克共和国与斯洛文尼亚，这两个国家是在1996年的1月和6月递交了加入申请。在中东欧国家纷纷提出"回归欧洲"和加入欧共体的请求后，欧盟立即做出了东扩的决定。

经过这些国家的努力，欧盟在2004年吸纳了爱沙尼亚、拉脱维亚、立陶宛、波兰、捷克共和国、斯洛伐克、匈牙利、斯洛文尼亚8个中东欧国家加入欧盟，又于2007年吸纳了保加利亚和罗马尼亚两个东欧国家加入欧盟。

从欧盟第四次扩大的软权力关系背景可以看出，当时的中东欧国家非常渴望借助欧盟的实力获得更快的经济发展和更成熟的民主制度，而当时的欧盟也认识到如果实现东扩它将在欧洲获取巨大的政治、经济和安全利益。欧盟的经济力量与民主制度是不是吸引中东欧国家加入的软权力资源呢？笔者再做进一步的分析。

第二节　第四次扩大的软权力资源分析

在为什么要加入欧盟这个问题上，中东欧国家在20世纪90年代初期和中后期的动机是有所变化的。20世纪90年代初期中东欧国家正在经历经济转轨，10个中东欧申请国加入欧盟的重要动机是"回归欧洲"，在这一时期，这些国家考虑的主要问题是政治层面上的平等对待原则，而不是在经济上如何从欧共体/欧盟的预算中获得财政转移的问题。例如捷克领导人公开宣称，他们的国家申请加入欧盟，主要目的不是获得财政转移；斯洛文尼亚和波罗的海三国，似乎也想表明获得更多的援助并不是其加入欧盟的主要动机。[①] 到 20 世纪 90 年代中后期以后，随着入盟的可能性越来越明确，政治层面的考虑逐渐淡化，经济方面的诉求愈加凸显。朱晓中研究员认为，当时波兰与捷克的民意大致可以代表 20 世纪 90 年代中后期以后整个中东欧国家的一般"民意"：所有被采访的波兰人都谈到了加入欧盟的经济因素，即从欧盟获得经济与财政援助，许多人将改善生活、改变命运的希望寄托在加入欧盟身上；当时的捷克人将欧盟视为一个经济组织，明确表示加入欧盟主要是为了提高生活质量、创造就业机会，从经济上获益，而不能像挪威那样待在欧盟之外。[②]

其实正如欧盟对中东欧国家在安全、经济与政治利益三方面都有所图谋一样，中东欧申请国对欧盟也有从这三个领域获得收益的打算。从安全收益看，如果这些国家加入欧盟，就可以得到欧盟和北约的双重保障，可以更广泛地维护自己的安全利益。从经济收益看，中东欧国家通过入盟可以获得欧盟更多的援助，加快实现社会繁荣的步伐。从政治收益分析，这些国家加入欧盟，能够以欧盟成员国的身份参与欧洲和国际事务，提高自身的国际地位，借此实现"回归欧洲"的政治目标。[③]

由于欧盟毕竟还不是一个像北约那样的军事组织，所以笔者认为欧盟对于中东欧国家的吸引，主要还是经济力量的物质吸引和民主制

---

① 朱晓中：《中东欧与欧洲一体化》，社会科学文献出版社 2002 年版，第 147～148 页。
② 朱晓中：《中东欧与欧洲一体化》，社会科学文献出版社 2002 年版，第 148～150 页。
③ 沈雁南：《提要》，见郑秉文主编《欧洲发展报告 No. 7（2002－2003）》，社会科学文献出版社 2003 年版，第 2～3 页，第 8 页。

度与政策的非物质吸引这两种软权力资源。笔者就这两种资源，分别进行分析。

1 欧盟经济实力的吸引

从历史角度分析，东西欧国家在经济上本来就存在差距。从 1815 年到第一次世界大战之前的近 100 年中，东西欧国家间的经济差距基本保持不变。第二次世界大战结束之后的 50 年间，中东欧国家采用苏联模式，总体经济发展趋势，无论是人均国内生产总值增长率，还是年均增长率都落后于其他欧洲国家，甚至还落后于部分拉美国家，在这个时期中东欧国家与西方国家的经济差距越来越大。[①]

中东欧国家长期处于经济落后状态，它们在历史上改善这种不利状况的努力大多收效甚微。1820 年、1870 年和 1913 年的中东欧国家，人均国内生产总值分别占西欧核心国家人均国内生产总值的 58.1%、48.8% 和 42.0%。其中，从 19 世纪 60 年代到第一次世界大战近 50 年的时间里，这些国家曾引入西方的经济与政治制度，取得过现代化方面的部分成就；第一次世界大战结束到第二次世界大战前这段时间里，这些国家在政治上实行集权，在经济上进行干预和保护，但是发展依旧停滞不前，并没有转变落后于西欧国家的经济劣势。到 1938 年，中东欧国家的经济发展水平依然是西欧核心国家的 44.1%；[②] 1948 年之后，中东欧国家接受苏联模式的计划经济和强迫式工业化，到 20 世纪 70 年代初这些国家在现代化方面取得了进展，尽管其发展速度比拉美和非洲快得多，但是经济水平只有西欧国家的 1/2 和西欧核心国家的

---

① 朱晓中：《中东欧与欧洲一体化》，社会科学文献出版社 2002 年版，第 36 页。

② Ivan T. Berend, Transformation and Structural Change: Central and Eastern Europe's Post-Communist Adjustment in Historical Perspective, in Tedayuki Hayashi (ed), *The Emerging New Regional Order in Central and Eastern Europe*, Sapporo, 1997, p. 5, 转引自朱晓中《中东欧与欧洲一体化》，社会科学文献出版社 2002 年版，第 29 页。

1/3；20 世纪 70 年代中期以后，中东欧国家的经济发展速度开始放缓，到 80 年代出现停滞和下降。

当中东欧国家再次落后之时，不少欧洲国家由于加入欧盟逐渐缩小了与西欧国家的发展差距。西班牙、希腊和葡萄牙在 1950～1970 年，其经济发展水平接近中东欧国家，到 70 年代超过了中东欧国家。西班牙和爱尔兰的经济水平分别达到西欧核心国家的 72.2% 和 72.6%。1973～1992 年，西欧国家的年增长率几乎是中东欧国家同期发展速度的 3 倍，这一时期，东西欧之间的差距从 1:2 扩大到 1:4。①

因此，中东欧国家将 20 世纪 70 年代经济再次落后的原因，归结为计划经济不如市场经济，这是这些国家在 1989～1991 年改变国家制度的经济原因。如果加入经济繁荣的欧盟，中东欧国家在经济转轨、实现现代化和缩小与西欧经济差距等方面，都将获得巨大的经济利益，这是它们迫切要求加入欧盟的经济动因。中东欧国家加入欧盟，可以突破"欧洲协定"的某些限制，真正实现自由贸易，工业品可以自由进入欧盟的大市场，农产品的进入也可以改善市场准入的条件。

除了这些最直接的利益之外，入盟给中东欧国家带来的最重要的经济利益还在于，通过不断改善的、更为确定的市场准入和建立与欧盟相配套的商业和法律环境，国内外投资将迅速增加，而外国投资能够给中东欧国家带来经济现代化急需的管理技能与技术转移。有学者做过测算，由于能够进入大市场和享受关税的优惠，7 个中东欧国家（不包括波罗的海三国）在入盟之后，其实际收入将增长 1.5%，如果考虑因为入盟后这些国家的投资风险将降低到与欧盟核心成员国同等的水平，这些国家的实际收入将增长 18.8%（300 亿埃居，按 1992 年

---

① 朱晓中：《中东欧与欧洲一体化》，社会科学文献出版社 2002 年版，第 30～31 页。

价格计算）。[1]

2　欧盟民主制度与政策的吸引

虽然欧洲概念的精确含义和内容存在广泛争议，但是反映在欧洲安全与合作组织文件之中和欧洲委员会条款之中的这些内容，通常被认为已经包括"回归欧洲"的基本内容：承诺实现政治民主、尊重人权、经济自由、对少数民族宽容、和平解决纠纷以及希望达成妥协和一致等。[2] 朱晓中研究员认为，"回归欧洲"概念的提出，反映出西欧社会模式对于中东欧国家的吸引力，同时也说明了中东欧国家的认同概念发生了变化——以民主、自由和法治等原则为指导实现政治、经济和整个社会的转轨，最终实现加入北约和欧盟的目的。成为欧盟正式成员并不是简单的"西化"，这是中东欧国家政治、经济转轨成就的最高评价，是回归欧洲国家共同体的标志，也是中东欧国家自 1989 年进行内政外交改革，巩固民主、繁荣经济和实现国家认同的可靠保障。[3] 当时的欧洲观念对国家决策造成的影响是，"在人们看来，某个国家似乎只有隶属于某个欧洲组织才能证明其欧洲属性，才有权申请加入另一个欧洲组织"。[4] "回归欧洲"的基本含义之一，就是要摆脱苏联或俄罗斯政治、经济与军事控制，以建立西方民主制度和市场经济制度为手段，迅速发展同西方国家的新关系，这是中东欧国家在当时政局转变之后首要的政治和外交目标。这既是中东欧国家"复兴"

---

① Baldwin, R., Francois, J. and Porters, R., "The Cost and Benefits of Eastern Enlargement: The Impact on the EU and Central Europe", *Economic Review*, 1997, p. 156, 转引自朱晓中《中东欧与欧洲一体化》，社会科学文献出版社 2002 年版，第 192～193 页。

② Stephen White, Judy Batt and Paul G. Lewis (eds.), *Development in Central and East European Politics*, Macmillan Press Ltd, 1998, p. 264, 转引自从朱晓中《中东欧与欧洲一体化》，社会科学文献出版社 2002 年版，第 33 页。

③ 朱晓中：《中东欧与欧洲一体化》，社会科学文献出版社 2002 年版，第 32～35 页。

④ 〔法〕法布里斯·拉哈：《欧洲一体化史（1945－2004）》，彭姝祎、陈志瑞译，中国社会科学出版社 2005 年版，第 130 页。

其历史文化的表现，也是现实的政治和经济要求使然。

朱晓中研究员将哥本哈根入盟标准解读为四项基本条件，这种划分更加细致，便于读者理解，但实质内容与哥本哈根宣布的入盟标准都是一致的：第一，申请国必须为稳定的、多元化的民主国家；第二，申请国必须为市场经济国家；第三，申请国必须能够应对竞争压力和市场压力；第四，申请国必须能够承担义务和执行欧共体法规。[①] 作者的贡献在于他对比了政治条件在这次扩大中的特殊作用，明确指出在这四项基本的入盟条件中，政治条件是欧盟有针对性地根据中东欧国家正处在政治和经济转轨的特殊历史时期提出的，这是欧盟在 20 世纪 90 年代的一个新发明，在以往的扩大中政治条件不明显，即使在吸纳希腊、葡萄牙和西班牙时也是如此。1993 年欧盟同保加利亚、罗马尼亚、捷克、斯洛伐克签订的"欧洲协定"中都写有"尊重民主原则和人权以及市场经济规则"的字样。[②]

根据笔者对第二次扩大有关资料的解读，认为强调民主其实是欧盟从创立之初的一种理想信念，也一直是欧盟坚持的活动原则。希腊、葡萄牙和西班牙就因为曾经出现过否定民主制度的独裁政权，才被当时的欧共体进行了联系协定的降级处理。葡萄牙和西班牙曾经想避开民主政治问题，从经济方面加入欧共体，但是被欧共体断然拒绝。这说明欧盟一直以来所强调的民主原则不是可有可无的。如果仅仅将 20 世纪 90 年代欧盟对包括民主制度在内的政治条件的强调看作对中东欧国家的特别对待（或者说歧视）条款未免有失偏颇，因为这种看法忽

---

① Council of European Union，"Presidency Conclusions: Copenhagen European Council, Brussels"，1993，转引自朱晓中《中东欧与欧洲一体化》，社会科学文献出版社 2002 年版，第 124 ~ 125 页。

② 参阅 Finn Laursen & Soren Riishoj（edits），*The EU and Central Europe: Status and Prospects*，Esbjerg South Jutland University Press，1996，转引自朱晓中《中东欧与欧洲一体化》，社会科学文献出版社 2002 年版，第 126 页。

视了欧盟在第二次扩大中关于申请国民主要求达标的细节，也对欧盟创立以来所坚持的理想与政治原则没有重视。欧盟对于中东欧国家政治条件的强调，笔者认为可以理解为欧盟对于欧洲大陆国家由于长期冷战的影响而做出的正常反应。这次扩大，除去马耳他、塞浦路斯两个岛国，一共有 10 个申请国家，为了保持欧盟发展的活力，不能马虎对待入盟要求。1990 年民主德国以并入联邦德国的形式加入了欧盟，称之为"非扩大"之中的欧盟扩大，就是因为过于仓促和来不及提改革的要求，而给欧盟在政治、经济和制度运作等诸多方面带来了一系列问题。所以从之前发生的欧盟扩大事件的前因后果看，中东欧国家按照欧盟提出的方向和要求进行改革，实际上对于欧盟和申请国家的长期合作与发展都有好处。从软权力理论的视角看，在明确规则的要求下更有利于实现权力双方的良性互动。中东欧国家必须按欧盟提出的方向和要求进行改革才能接近或达到入盟条件，例如捷克被要求进一步改革银行与金融部门，还被要求进一步改善人权和对吉卜赛人的政策；波兰被要求抑制腐败和改革农业和银行的结构；匈牙利被要求完善社会保障的改革，改善对吉卜赛人的政策，治理腐败；斯洛文尼亚被要求修改宪法，允许外国人拥有不动产；爱沙尼亚被要求必须改善讲俄语居民的社会待遇，推进政治改革等。

根据哥本哈根入盟框架标准，1997 年 7 月欧盟委员会公布了对 10 个中东欧申请国资格的评审意见，认为 10 个申请国中只有斯洛伐克"没有达到哥本哈根标准所规定的政治条件"。《阿姆斯特丹条约》还大大加强了对中东欧申请国入盟的民主条件，这是欧盟第一次将政治条件同成员国资格直接联系起来，如果申请国严重违反民主原则，它肯定要被推迟吸纳入盟。① 2002 年 10 月，欧盟委员会公布了关于中东

① 朱晓中：《中东欧与欧洲一体化》，社会科学文献出版社 2002 年版，第 135 页。

欧申请国入盟进展的年度报告，该报告对接收保加利亚和罗马尼亚于 2007 年加入欧盟这一目标表示了强烈支持，对除保、罗两国以外的其他 8 个中东欧申请国和塞浦路斯、马耳他两国，重申要在年底前结束与它们的入盟谈判，由于土耳其未能满足欧盟提出的政治目标，因此还没有被欧盟邀请加入人盟谈判。[①]

尽管欧盟对中东欧国家的入盟标准似有歧视与苛刻之嫌，但是这些国家的绝大多数民众却支持本国政府申请加入欧盟，在所有申请国中对欧盟持失望态度的人不受欢迎。当时申请国的民意调查显示，虽然公众并不认为加入欧盟会对自己国家的各方面都有好处，但是他们支持本国加入欧盟，因为加入其中毕竟可以得到好处。[②]

具体情况是：罗马尼亚除了几个小党反对外，整个国内的情绪是必须加入欧盟，认为加入欧盟是罗马尼亚未来的一部分，公众的支持率很高；保加利亚民众对人盟几乎没有异议，政治领导人之间在入盟问题上取得了空前一致；斯洛伐克的国内舆论不反对加入欧盟，而且有关加入北约与欧盟的问题已经成为执政党与反对党之间竞争的口实，每一方都因斯洛伐克被排斥在欧洲大西洋结构之外而谴责另一方；波兰的绝大多数民众支持加入欧盟，向往一个民族国家的联盟；匈牙利的公民和政党在对外政策的总目标与匈牙利准备入盟的问题上一致性很高，欧洲一体化成为匈牙利议会中少有的能够获得一致同意的议题；捷克政府将加入北约和欧盟作为首要目标，1997 年底随着克劳斯政府的下台，捷克对入盟问题表现得更加积极；只有斯洛文尼亚因为战后与意大利的财产赔偿与领土纠纷长期得不到解决，以及在原南斯拉夫联邦境内的经历等，入盟信心和改革步骤似乎没有其他国家坚定和快

---

① 陈新：《欧盟东扩：历史性的挑战与机遇》，见郑秉文主编《欧洲发展报告 No. 7（2002 - 2003）》，社会科学文献出版社 2003 年版，第 17 页。

② 朱晓中：《中东欧与欧洲一体化》，社会科学文献出版社 2002 年版，第 147 页。

速，但是各政党一般都支持加入欧盟。

综上所述，由于中东欧申请国普遍看重欧盟的经济优势和民主制度，才愿意按照欧盟的意图改变自己国家原有的政策和行为，从而实现欧盟经济、民主资源的吸引在中东欧国家内部的落实与巩固，用软权力理论分析，就是实现了约瑟夫·奈教授所说的"使你之所欲成为他者之所求"，这充分说明欧盟的第四次扩大是其经济资源和民主制度在同等重要的程度上都发挥了软权力的吸引作用。

第三节　本章小结

欧盟的第四次扩大，在本书中是指 2004 年与 2007 年发生的东扩。中东欧国家的经济由于在历史上长期处于落后于西欧的状态，同时由于在二战后建立的一系列制度没有从根本上改善这些国家经济落后的局面，也没有满足这些国家对提高国际地位等政治利益的追求，因此一个在民主政治与现代经济领域都遥遥领先的近邻——欧盟，以开放的态度继续推进欧洲一体化进程的时候，就能够比较顺利地完成规模空前的东扩使命。本章从这些发生在欧盟第四次扩大进程中的建立软权力吸纳关系的背景中，发现主要是欧盟拥有的优势经济资源与成熟的民主制度，同时吸引了正在转型的中东欧国家，这是促成欧盟第四次扩大的软权力资源。

第八章　研究结论与启示

第一节　欧盟数次扩大的软权力资源对比

根据软权力关系存在的特殊背景决定软权力具体资源的观点，本书按照申请加入欧盟的国家对欧盟资源需求的共性与差异，将欧盟的四次扩大归并为三个大的案例分别在第五章、第六章和第七章进行了分析。对比研究后发现：欧盟在第一次扩大和第三次扩大中，对相关申请国发挥软权力吸引作用的，主要是以经济力量为代表的有形的、物质性资源；但是欧盟的第二次扩大与第一次、第三次扩大的不同之处，在于欧盟主要发挥软权力吸引作用的，是以西欧民主制度和政策为代表的无形的、非物质性的资源；欧盟的第四次扩大与前三次扩大的软权力资源差异，在于欧盟发挥软权力吸引作用的，除了以经济力量为代表的有形的、物质性资源之外，还有以欧盟民主制度与政策为代表的无形的、非物质性的资源。

这些研究所得的见解，仅是针对欧盟软权力资源在不同扩大案例中的作用差异而言的，欧盟软权力资源在扩大的过程中也有始终保持恒定的内容。由于欧盟的巨大成就主要体现在经济一体化方面，笔者通过对欧盟四次扩大的分析，发现欧盟的经济资源是吸引所有欧洲申请国家加入欧盟的恒定的软权力资源。尽管在第二次扩大过程中由于特殊的地缘政治需求凸显了欧盟民主资源的优势，从而使得欧盟经济资源的吸引作用暂时居于次要地位，但是并没有因此否定欧盟经济资源的对外吸引作用。在第一次扩大和第三次扩大中，欧盟经济资源的吸引作用非常明显。以英国加入欧盟为例，有学者指出，"随着时间的推移，历史原因可能被冲淡，政治原因可能被削弱，但经济原因却会始终重要，如果不是越来越重要的话"①。实际上不只是英国有加入欧共体的经济利益计算，包括欧共体创始六国在内的其他成员国都希望通过参加欧共体，使本国获得好处。② 站在马克思主义者的立场看，经济基础决定上层建筑，每个欧洲国家都懂得经济利益的重要性，无论是已经加入欧盟的国家，还是尚未加入欧盟的国家。以"只有永恒的利益"所著称的英国的现实主义外交立场其实可以代表所有欧盟成员国对经济利益追求的普遍立场，而尚未加入欧盟的国家，对国家经济利益的追求也没有自甘落伍的。例如，为了安抚土耳其入盟受挫的情绪，欧盟的部分成员国想利用"特权伙伴关系"政策作为替代土耳其申请入盟的一种选择。在 2004 年 12 月公布的文件中，它们建议土耳其在欧盟共同外交与安全政策领域、欧洲安全与防御政策领域发挥作用，允许土耳其参加这些安全领域的理事会，也可以派驻永久代表，只是没有决策权；在经济领域，计划将现存的关税同盟发展为一个更大的自由贸易区。③ 欧盟的这种只提供一定象征性的安全资源，而不肯出让更多经济资源的做法，被土耳其政府断然拒绝。在土耳其看来，"特权伙伴关系"的提法显然还不如欧

---

① 赵怀普：《前言》，见赵怀普《英国与欧洲一体化》，世界知识出版社 2004 年版，第 7 页。

② 赵怀普：《前言》，见赵怀普《英国与欧洲一体化》，世界知识出版社 2004 年版，第 5 页。

③ Allan F. Tatham, *Enlargement of the European Union*, Alphen：Kluwer Law International, 2009, pp. 156 – 157.

盟申请国的地位重要。这说明，无论是已经成为欧盟成员国的，还是目前尚未申请加入的欧洲国家，对国家经济利益的维护都是对外政策不可缺少的重要内容。如果欧盟不愿意与别国分享自己最富有成就的经济成果，它的软权力的对外吸引力自然就会大打折扣。难怪，这些年土耳其的入盟愿望一直没有实现。

本项目的研究发现了欧盟的软权力资源在不同扩大案例中发挥作用的差异，是因为笔者注意到，欧盟扩大并不是简单接纳新成员国的单一过程，而是曲折与复杂的。由于各申请国的历史与现实状况不同，它们申请加入的动机、目标与条件等就不可一概而论[①]。这才是欧盟完成一次次的扩大所依托的真实的权力关系背景。正是基于这样的权力关系状况，笔者以权力关系背景决定权力资源的思路来分析欧盟扩大中的吸引力资源。

笔者之所以采用权力关系背景决定权力资源的思路来建立欧盟软权力研究的分析逻辑，另外一个原因是，按照早期版本的软权力理论的传统说法——与国际政治无关的大众文化、被称为万能的西方民主制度与政策等，均难以准确解释欧盟的扩大。为了提高软权力理论的科学性，本书反思了欧洲大众文化在主权国家间政治外交层面的局限性，也揭示了欧盟的民主制度对于富裕并享有高度民主的一些欧自联国家没有多少吸引作用。从国外政治术语准确翻译的角度而言，欧盟对挪威、瑞士等国家产生过申请加入的吸引，但是并没有实现软权力理论所描述的"吸纳"结果，而绝大多数欧洲申请国家都实现了从被欧盟"吸引"到被欧盟最后"吸纳"其中的完整过程。国内不少学者将"coopt"译为"同化"，但是笔者一直不认可这一翻译，理由如下。

---

① 计秋枫、洪邮生、张志尧等：《欧洲的梦想与现实：欧洲统一的历程与前景》，南京大学出版社 2000 年版，第 99 页。

第一，通过阅读约瑟夫·奈教授软权力研究的英文文献，笔者发现约瑟夫·奈教授所说的软权力始终强调权力施动者对权力目标的关注——就是要让权力受动者心甘情愿去做符合权力施动者意愿的事，权力目标的实现效率通常不允许这一过程有始无终看不到尽头，而"同化"一词似乎更强调经过极其漫长的过程后才能达到的结果，用在文化领域似乎更为恰当。

第二，"同化"这一概念一般是强者对弱者、多数对少数使用的工具，通常不能逆向使用，与生俱来带有一定的歧视色彩。结合欧盟第三次扩大的案例分析，欧自联的许多成员国，其民主、富裕的程度不比欧盟的许多成员国差，其环保、人权保护等标准甚至比欧盟自身的标准还要严格。如果将欧盟扩大解释为欧盟通过"同化"欧自联国家而实现扩大显然与事实相违背，只能说欧盟通过"吸纳"包括欧自联申请国家在内的许多欧洲国家逐步实现了多次扩大才符合事实。所以，笔者将"co-opt"译为"吸纳"既可以体现权力施动者想达到支配、控制别人的政治目的，也是对欧盟在扩大过程中以规则和规范处理内外关系的客观描述。

现代国家普遍认识到，尽管经济利益很重要，但它不是国家唯一的重大利益，以非物质形态表现的其他利益也是不可或缺的重要权力资源，所以本书对权力资源的区别划分在这种意义上具有研究价值。经过欧盟扩大案例的分析之后，笔者的理论反思还包括，只有吸引、没有吸纳的软权力行为，在现实中也不是一种具有完整过程的软权力行为。否则，约瑟夫·奈教授所说的"使你之所欲成为他者之所求"的软权力目标如何圆满实现呢？约瑟夫·奈教授认为"从行为的角度讲，软权力是吸引权力"。[①] 从欧盟扩大的案例研究启发中，是否可以

---

① Joseph S. Nye, Jr., *Soft Power*: *The Means to Success in World Politics*, New York: Public Affairs, 2004, p. 6.

进一步修正为：从欧盟扩大的行为结果的角度讲，欧盟软权力是一种吸纳性的权力；从行为性质的角度讲，欧盟软权力是一种以吸引为其扩大的外在动力，从而实现欧洲国家在更大范围内共享资源的合作型权力。

所以说，只有将软权力理论置于具体的欧盟扩大案例中进行分析，才能有针对性地修正软权力理论固有的缺陷。理论研究与事实分析相结合的方法，不仅有助于修正原有理论的缺陷，还可以为理论的发展做进一步探索。

第二节　软权力与欧盟扩大关系探讨总结

笔者认为，欧盟的软权力集中体现在欧盟的四次扩大之中。在这一系列扩大的过程中，所有的申请国家基本按照欧盟设计的路线和要求进行了立法与政策的改革，在达到入盟的标准之后，才最终完成了加入欧盟的漫长过程。欧盟作为软权力关系的施动者，因为具有吸引周边国家主动申请加入的经济、政治和一定程度上的安全资源，其在扩大的过程中始终居于主导地位。各个申请国家，在欧盟扩大的案例中，属于软权力关系的受动者，在总体上处于接受欧盟规则的一方，但是拥有与欧盟讨价还价的机会和能力。正是软权力这种能够充分顾及权力受动者实际需求和权力施动者接受程度的互动方式，最大限度地协调了现有成员国与各个申请国家的利益，从总体上保证了权力双方在入盟谈判过程中（这里指代表成员国的欧盟与申请国家两方）的良性互动，从而实现了欧盟一次又一次的和平扩大。欧盟的每一次扩大，对申请国家提出明确改造要求的同时，也都及时更新、调整了其内部的政策与机制，化解了因扩大而引发的分裂隐患，整合了欧洲国家新的资源，使其在原有的基础上又增强了经济、政治和安全等方面的对外影响，为其下一轮扩大的软权力实施打下了良好基础。用软权力理论概括就是，欧盟的成功在于其软权力把握的适度、及时和准确。超国家机构的设置，明显提高了国家间合作的水平和质量，其不断集聚的经济、政治和安全资源不仅满足了欧盟内部深化治理的需求，而且成为欧盟软权力对外保持吸引的重要推动因素。而无论是欧盟内部依靠规范的治理与团结，还是对外有计划地扩大和吸纳，都体现了欧盟发展保持活力的源泉——对内部现有权力资源构建的孜孜不倦，对在更大范围内、更高质量上共享权力资源——欧盟扩大，持开放而谨慎推进的态度。

研究欧盟扩大的不同类型案例，将欧盟软权力资源的判断置于具体的扩大背景中才能客观地甄别哪些资源发挥了吸引作用，以及发挥作用的强弱程度。本书的研究思路，既受约瑟夫·奈教授的原有理论的启发，但是又批判和修正了关于理论与事实不相关的一些说法。例如，按照约瑟夫·奈教授关于软权力资源的传统说法——文化、制度与政策，属于典型的软权力资源。如果简单套用文化、制度与政策的大框架去解释软权力与欧盟扩大的关系，必定会遭到一系列的质疑。

首先从笼统的文化软权力资源分析。

学者们关于文化的定义争议颇多，但是讨论的范围基本上离不开三个层次：一是指物质文化，如饮食、服装、器物等物质层面的文化；二是指制度，如政治制度、经济制度、社会制度和法律制度等；三是指思想、信仰、道德层面，其核心是价值观。[①] 而约瑟夫·奈教授对文化软权力资源的阐述，几乎涵盖了这三个层次，但是他并没有对不

---

① 俞新天等：《强大的无形力量：文化对当代国际关系的作用》，上海人民出版社 2007 年版，第 4 页。

同层次文化发挥吸引作用的局限与边界做出深刻的理论阐述。从西方价值观和国家制度的角度分析，他的文化软权力资源属于无形的、非物质的东西。但是如果从欧洲时装、设计、美食等器物角度分析，他的文化软权力资源又都是有形的、物质性内容，这又与其长期将有形资源看作硬权力行为基础的著名观点相矛盾。即使将文化研究的范畴限制在文化价值的层面，约瑟夫·奈教授也应该意识到，当前国际文化的现实是，文化冲突与文化融合这两种相反的现象其实都在发生，文化对当今国际关系不仅具有认识、理解、认同和融合的作用，而且也会对国际关系造成误解、曲解和冲突。但是他的研究文献对国际文化的负面作用以及西方文化的消极作用等方面，一直视而不见，没有做出必要的解释。

有学者以宗教文化为标准将欧洲划分为多个文明单位，认为属于基督教文明的部分中东欧国家，才是正宗的欧洲文明或者西方文明。这些国家具有"回归欧洲"的历史文化基础，而属于拜占庭和伊斯兰文明的其他欧洲国家加入欧盟，则是"加入"另一种文明，即加入欧洲文明（西方文明）。[①] 也有西方学者，将冷战时笼统地称为中东欧的国家，以历史和文化为标准重新进行了细分，认为主要信奉罗马天主教的奥地利、匈牙利、捷克、斯洛伐克、波兰等属于中欧，信奉东正教的保加利亚、罗马尼亚、俄罗斯的欧洲部分才是东欧国家，主张欧盟东扩首先考虑中欧国家。[②] 以上两种意见显然都是以宗教文化为标准来决定欧盟对外关系亲疏远近的主张，这种文化决定论与约瑟夫·奈教授所臆测的西方文化具有不可否定的普适性的共同错误，都是把

---

① 刘祖熙：《中东欧国家"回归欧洲"的历史思考》，北戴河东欧问题会议论文。转引自朱晓中《中东欧与欧洲一体化》，社会科学文献出版社 2002 年版，第 28 页。

② Michael Howard, "Lessons of the Cold War", *Survival*, 36, 1994, pp. 102 - 103, 转引自朱晓中《中东欧与欧洲一体化》，社会科学文献出版社 2002 年版，第 26 页。

单纯的文化因素当作国家利益的替代品。笔者虽然认可广义的国家利益可以涵盖包括宗教文化在内的非物质性的内容，但是在政教分离的当代国际政治现实中，国内宗教文化的影响力显然还取代不了国家对具体的经济、政治和安全利益的追求。果然，事实的发展让宗教文化决定论的鼓吹者失望了。中东欧政局变化以后，尽管中欧国家也想利用这个有利的文化与宗教背景为自己的身份正名，以便早日加入欧盟。但是存在东正教传统的保加利亚和信奉伊斯兰教的阿尔巴尼亚等东欧国家，在亲近西方国家方面表现得一点也不保守，因为它们看到了融入西方体制所带来的巨大政治和经济利益①。

所以，用主观想象的文化学说，罔顾欧盟和欧洲国家的具体情况，去牵强解释欧盟的扩大，怎么可能会增强该理论的科学性。

其次从制度软权力资源分析。

制度作为公共治理的基础，可以提供规范、原则、规则与程序，成为国家互动的共有知识、信息，从而汇聚国家的偏好与预期、减少国家行为的不确定性、降低国家间关系的交易成本。因此，国际社会越来越倾向于重视"制度"，越来越多的双边和多边交流、互动上升为常规制度②。但是，制度能够吸引他者做出符合制度设计者目的的行为，这仅仅是制度发挥作用的一种形式，因为制度发挥作用的方式除了吸引之外，强制性的方式更常见。更何况，国际合作机制本来就不是理想主义的规范理论，也不是纯粹现实主义的产物，它的建立和完善既有行为者追求自身利益的因素，也有规范、限制行为者行为的因素；原则、规范和决策程序在规范各行为者行为的同时，也满足了其各自的利益和要求，只有参与各方的目标、利益和政策趋同时，合

---

① 朱晓中：《中东欧与欧洲一体化》，社会科学文献出版社 2002 年版，第 27 页。
② 杨友孙：《欧盟东扩与制度互动：从一个入盟标准说起》，世界知识出版社 2008 年版，第 262 页。

作机制才能持续发展，否则该机制可能终结。① 这就意味着，制度吸
引作用的发挥，离不开制度所产生的利益。在国际政治中，国家只有
根据自己利益的变化才会改变其政策与行为。虽然制度本身是非物质
的资产，但是如果申请国看重的就是这一制度所产生的物质利益从而
才产生加入欧盟的行为（如英国就是这样的典型，它的入盟行为被看
作与欧盟创立的理想无关），那么强调无形的、非物质性资源吸引的
传统软权力理论，只能将无法解释的欧盟扩大难题，推给硬权力理论
去解释——所谓的物质诱惑或软权力需要硬权力的支撑等说辞。

　　约瑟夫·奈教授的早期观点认为，软权力也可以独立发挥作用
（如梵蒂冈），它并非硬权力的简单反映，加拿大、荷兰和北欧等国的
政治影响强于其军事、经济实力，原因在于这些国家在界定国家利益
时纳入了经济援助或维持和平等具有吸引力的要素。② 但是梵蒂冈作
为一个人口不超过 1000 人，无工农业和自然资源的微型宗教国家的特
例，它的特有经验显然不适合向世界上众多的普通民族国家推广。所
以这体现在约瑟夫·奈教授后来出版的《软权力：世界政坛成功之
道》一书中，对软、硬权力在相互独立的条件下发挥作用的解释淡化
了，对软、硬权力相互结合的理论阐述增多了，并最终催生了将两种
权力相结合的新概念——巧权力。按照本项目的研究逻辑，需求才是
产生吸引的重要条件之一。提供经济援助或者派遣维和部队，这些做
法本身就可以给受援国带来实实在在的经济或者安全利益，这对于需
要救援的国家当然具有吸引力。加拿大、荷兰和北欧等国家能向国外
提供这些具有吸引力的资源，首先证明这些国家具有一定规模的经济

① 李景治、张小劲等：《政党政治视角下的欧洲一体化》，法律出版社 2003 年版，第48 页。
② Joseph S. Nye, Jr. , *The Paradox of American Power: Why The World's Only Superpower Can't Go It Alone*, New York: Oxford University Press, 2002. pp. 9 - 10.

与军事资源能够保证自己的发展与安全；其次说明这些西方发达国家并没有倚仗其经济与军事资源优势在世界上恃强凌弱；最后，并非不重要的理论启示还在于，这些国家的政治影响强于其军事、经济实力的深层次原因是，它们愿意与受援国以开展援助的形式在一定程度上分享其拥有的经济与军事资源，而不像有些国家一样动辄以经济制裁和军事演习对待别的国家。同样的经济或军事资源，用作与别国分享的资源其依托的行为就成为产生吸引的软权力，但是用作打压、欺凌别人的工具立刻又成为约瑟夫·奈教授所说的典型的硬权力了。所以说，离开利益谈制度吸引、离开需求谈制度万能、离开资源共享谈软权力关系的构建，是约瑟夫·奈教授软权力理论陷入乌托邦的致命弱点所在。

由于政策常常是国家制度的衍生产品，制度软权力学说遭遇的困境，政策软权力学说也照样避免不了这个难题。除了约瑟夫·奈教授对文化、制度和政策的软权力吸引抱有很大希望但是并没有进行严格论证之外，其他文献采用文化、制度和政策的框架进行严谨论证的，在检验软权力的实际使用效果时，几乎无一例外地又引入了物质利益的补充条件。例如，将有形的、物质性资源从软权力概念中完全剔除，将无形的、非物质性资源作为界定软权力标准之一的研究者，在解释欧盟政策的有效性时，也只能"主要从成员国的经济利益着手进行验证"①。由此可见，如果将物质吸引排除在软权力的研究之外，软权力理论解释现实国际政治的空间，只能局限在如梵蒂冈国土一样大的地方，而不能指引众多民族国家在当今世界政治舞台上走向成功之路。

生搬硬套文化、制度和政策的分析框架是不可取的，但是经过提

---

① 秦亚青主编《观念、制度与政策——欧盟软权力研究》，世界知识出版社2008年版，第209页。

炼和改造后的这一分析方法仍有研究价值。对于梵蒂冈这样的比较特殊的宗教国家，其软权力资源中的非物质性成分很明显。对于当今世界上大多数的国家而言，在和平与发展两大世界主题都没有解决的国际环境中，军事与经济资源中的物质性吸引显得更为引人注目。但是人类社会所创造的物质资源与自然界中天然形成的物质力量不同，前者的产生、发展与使用，都要依靠治国理念、国家制度与内外政策等无形资源的管控。研究文化对国际关系影响作用的学者指出，物质力量是改变国际体系的物质基础，理念的正确与否也是影响物质力量对比变化的精神动力。① 这里的物质力量，显然指的是人类社会中所创造的物质资源和技术。理念、制度与政策是否具有吸引力，仅从其体现的道德光环去判断是远远不够的，关键是看这些理念、制度与政策，能否满足他者在某时期内对物质或非物质利益的所求与所需。从这层意义上理解，约瑟夫·奈教授提供的软权力资源分析框架——文化、制度与政策，必须经过重新解释才会具有理论生命力，才可以更好地应用于现实。

综上所述，笔者不接受脱离现实问题分析的传统软权力观点，本书以欧盟扩大为案例，探究欧盟软权力资源的研究思路也不是文化、制度和政策分析框架的简单套用。通过对欧盟扩大和软权力关系研究的理论提炼，笔者认为以资源共享为实质内容的利益共享是软权力存在和发挥作用的关键，判断软权力的吸引力不能局限于权力施动者资源本身的使用价值，还必须结合权力受动者的实际需要。这些超越权力资源具体形态（如以无形资源还是有形资源的争辩来区分软、硬权力的性质）的研究见解，具有一定的应用现实的可靠性，能够为重要

---

① 俞新天：《序言》，见俞新天等《强大的无形力量：文化对当代国际关系的作用》，上海人民出版社 2007 年版，第 3 页。

决策提供理性的并可以在现实层面进行操作的建议。

第三节　对"中国梦"实现的国际借鉴意义

本书通过对约瑟夫·奈教授有关软权力著述的研究，结合欧盟四次扩大的案例分析，证实在现实的国际政治中，发挥吸引作用的软权力资源既包括有形的物质资源，也包括无形的非物质资源。笔者的研究发现，可以弥补软权力理论固有的缺陷，也可以为"中国梦"的实现提供从欧盟扩大研究中所得的参考意见。

2012 年习近平总书记把"中国梦"定义为"实现中华民族伟大复兴，就是中华民族近代以来最伟大的梦想"，并且表示这个梦"一定能实现"。"中国梦"的核心目标可以概括为"两个一百年"的目标：到 2021 年中国共产党成立 100 周年和 2049 年中华人民共和国成立 100 周年时，逐步并最终顺利实现中华民族的伟大复兴。在当代的国际环境中，中国既要继续承担维护世界和平的使命，又要实现中华民族的伟大复兴，所以选择了一条与欧洲列强争霸世界过程完全不一样的和平发展之路。在走和平发展道路的前提下，中国要积极发挥对地区和世界的更大影响力，因此欧盟扩大的研究案例和软权力理论就具有一定的借鉴价值。

第一，必须要有可以共享的吸引资源，理念与政策才能够促进共同发展。

回顾战后欧洲一体化的历史，可以看到正是煤钢共同体这一组织的成功设计与运作，才让创始六国的西欧一体化的实践逐渐改变了欧洲原有的政治、经济与社会各方面的面貌，成为欧洲一体化的先导。战后初期欧洲国家，向往的是长久和平，迫切需要的是国家安全和经济的快速复苏。而旧有的民族国家各自为政，以狭隘的民族利益最大化谋求自身安全的做法已被战争的反思者所抛弃。煤钢共同体的成功，不仅体现在用经济手段化解了法德这两个世代结有冤仇的国家间不信任的安全问题，而且还将统一欧洲的远大政治理想逐渐落实在可供操作的现实层面。煤钢共同体后来发展为欧洲经济共同体的时候，它在欧洲地区就具有明显的软权力资源优势。欧洲国家恢复经济发展的需求、结盟抱团应对冷战的安全需求、增强综合实力提高国际政治地位的需求，都可以通过加入共同体来实现。相比之下，欧自联也是一种战后欧洲国家联合的组织形式，但是其对内凝聚力和对外的影响都不及欧洲经济共同体。对此现象的通常解释是，欧自联属于松散的国家政府间合作的形式与历史上欧洲国家的一般性合作在本质上区别不大，而共同体拥有成员国主权的部分让渡，在政策制定与执行效率上都强于欧自联。之后共同体不断取得的经济成就和组织机构权力的及时调整，使得这一组织在经济、政治和安全等领域的对外影响越来越大。

但是欧盟的逐步强大，似乎并没有招来"欧洲威胁论"等负面的舆论和阻力，笔者认为主要原因在于欧盟的发展理念与政策具有相当大的开放性和包容性。它的理念与政策不仅满足于保障内部成员的发展，而且致力于促进共同发展。共同发展的理念和政策体现在，不仅要落实共同体内部的共同发展——弱小成员国的利益要得到保障甚至优待、其尊严要得到维护，而且还允许以申请入盟的方式分享发展成果。欧盟对其拥有的经济、政治、安全等权力资源，没有进行封闭式和排他性的制度设计，而是采取了以遵守某些共同规则为前提条件的共担风险和共享发展成果的策略。这种共同发展的组织理念和对外政策，可以将共同体取得的成果和利益有条件地分享给周边国家（如建立联系国、申请入盟等形式），更容易被外部世界所认可、接受。如果没有分享资源和利益的经营理念和政策，"欧洲威胁论"恐怕难以有效化解，欧盟的持续发展和数次扩大也是难以想象的。

第二，经济资源的基础性作用不可忽视，但它不是满足国家利益的唯一资源。

软权力理论中关于软、硬权力之间的关系探讨到目前为止还是没有定论。比如，软权力的行使必须要有硬权力的支撑吗？如果回答是肯定的，那又如何解释梵蒂冈在硬权力衰微的情况下继续发挥世界宗教领袖的动员作用呢？如果回答是否定的，那么包括约瑟夫·奈教授在内的许多研究者为什么在论述软权力的实际作用时，又不约而同地加入了硬权力及其资源的辅助条件呢？欧盟以其世界上最成功的经济一体化成果而闻名于世，在欧盟的四次扩大案例中，欧盟的经济资源对申请国家的吸引作用也是客观存在的。约瑟夫·奈教授在他的文献中对诸如此类的理论问题论述都很简略。

倒是中国不少研究者，按照马克思主义者关于物质与意识的辩证关系，重新梳理了硬权力与软权力之间的关系，认为硬权力代表物质力量，软权力代表精神或文化的东西，其论述的逻辑遵循物质决定意识、意识是物质的反映，结论自然便是软权力必须要有硬权力的支撑，软权力为硬权力的发展指引方向等诸如此类的表述，这似乎已经清楚阐明了软、硬权力之间的理论关系。需要说明的是，笔者仔细查阅了约瑟夫·奈教授的许多英文文献，他所说的软权力资源的确倾向于文化、制度和政策等非物质的东西，但是他的文献中并没有出现过将硬权力资源称为物质力量、将软权力资源归类为非物质力量的表述，而只是将软、硬权力资源区分为无形与有形的资产来进行论述。笔者认为中国研究者将硬权力理解为物质力量，将软权力理解为非物质的力量，并以物质与意识的关系去解释约瑟夫·奈教授都没有说清楚的软、硬权力的关系，其探索精神是值得学习的，也有一定的事实根据。国际政治的现实状况是，那些在国际上拥有软权力影响的国家或组织，其经济（或军事力量）一般都是较强的。试想一下，如果欧盟的经济状况处于第三世界的水平，它的软权力影响还能在欧洲立足吗，它还能吸引其他国家不断申请加入吗？实事求是地回答，当然是不能。

物质与意识的辩证关系当然是不容置疑的正确，但是简单套用马克思主义哲学的一些原理，在软权力理论构建上并不是完全适用的。例如，依照上面的思维逻辑，必定推演出只有硬权力强大了，软权力才能走向强大的结论。但是这又回到了约瑟夫·奈教授曾经解释不清的难题——梵蒂冈在硬权力并不强大的情况下依然有相当大的软权力？难道只能像约瑟夫·奈教授一样，又补充一句说，以上关于软、硬权力关系的论述只是大致的联系，并不完美，软权力照样能独立发挥作用？既然软权力可以独立发挥作用，那煞费苦心地探寻软、硬权力关系的意义何在呢？

然而，当我们跳出单纯理论争辩的框框限制，回到理论联系现实的角度，再看这个问题就会更加清楚。欧盟扩大、欧盟对申请国家发挥软权力的影响，经济资源起到了基础性的吸引作用，主要原因是当今的民族国家都需要发展经济来增强自己国家的综合实力。回到笔者对软权力理论的修正论述，权力施动者的软权力资源是否发挥吸引作用，除了资源本身要具有一定的使用价值外，还要看权力受动者是否需要这种资源以及需要的急缓程度。在战后国际和平的大环境下，欧洲大多数国家都有发展经济的强烈需求，这种持续不断的经济发展需求，使得欧盟的经济资源优势维持了长时间的吸引作用。同样还是这些欧洲国家，试想一下如果第二次世界大战还在欧洲上演，对这些国家产生强烈吸引的，还能是欧盟（假设欧盟存在）的经济力量吗？美国的军事援助是否要占第一位呢？同理，我们在理论上可以回答，如果全世界没有对天主教宗教信仰的需要，那么不管梵蒂冈的硬权力是强还是弱，它的软权力影响还能继续存在吗？

所以中国借鉴欧盟软权力吸引的成功经验，重视发展经济实力，其理论依据主要是经济资源在可预见的将来依然是许多国家推进社会全面发展必须具备的资源,具有这种资源优势的权力施动者就会对周边国家产生巨大的吸引。尽管我们强调经济资源的基础性作用,但是笔者在理论分析的有关章节中也指出了,经济资源不是满足国家利益的唯一资源。

第三,人类对安全、文明、平等、民主等需求的追求决定了价值分享的重要性。

软、硬权力关系争辩的陷阱在理论上和实际决策之中都要尽量避免,但是人类社会对民主、文明、安全、和谐、平等、尊严等价值的追求也是一个无止境的过程。笔者认为权力施动者的资源能否产生吸引的关键,不在于具体的资源形态如何,而在于权力受动者是否将获取这种资源与自己的国家利益相联系。曾经困扰约瑟夫·奈教授的难题——承认梵蒂冈在硬权力并不强大的情况下依然有相当影响的软权力,从而对软、硬权力关系的论证陷入了自相矛盾的陷阱之中。就具体问题分析而言,梵蒂冈的宗教软权力独立发挥作用的实际情况是传播一门宗教并不需要该教会具备一定规模的硬性物质条件。另外,也不能过于夸大梵蒂冈的世界宗教影响。除了前面所说的,除宗教信仰的需求有无问题之外,宗教信仰种类的限制也是客观存在的。佛教、伊斯兰教以及中国道教的信徒,显然不是梵蒂冈的软权力就能够轻易影响的。而一般的民族国家要确保生存、追求进步文明,在现代化的条件下实现民主和有质量的社会平等,大力发展本国经济成为必然的选择。所以对于大多数的民族国家而言,它们对国家利益的追求就自然包括物质和非物质的双重内容,因此合理把握软权力资源中的物质与非物质成分的比例也是尤为重要的。

检验软权力的使用效果,要看这种非强制性手段的使用是否产生了期望中的结果,有助于产生这种结果的所有资源都应该成为软权力探讨的范畴。但是为了以最小的成本达到最大限度吸引他者的目的，要从约瑟夫·奈教授所说的依据权力背景，去分析研究如何合理地配置软权力中的物质与非物质性资源的比例。致力于东亚共同体建设的学者认为，建立东亚共同体最重要的前提是，成员国之间相互信赖和具备共同体意识。① 东亚邻国之间经济交流与合作发展迅速，但是经济相互依存程度的提升并没有带来东亚共同体国际关系模式的出现，这个事实说明只有纯物质资源的相互依赖和吸引，并不必然带来政治关系的和谐，也并不意味着安全就有保障。笔者对此现象的理解是，尽管日本的经济资源优势是亚洲国家进行现代化建设所需要的，战后也出现了较长时期日本与周边国家在经济领域之间的密切交往与合作。但是日本长期以来，对二战拒不道歉反省的傲慢态度以及时常美化侵略历史的错误政策对周边邻国传递的却是不安全和不被尊重的信号。欧盟的成功不仅体现在经济领域，而且在化解国家间的宿怨和推进欧洲国际关系民主化和文明进程上也颇有建树。德国的道歉和认真反省，不仅让法国等大国感受到的是和平发展，煤钢共同体的体制设计以及欧盟决策制度的完善让比利时、荷兰、卢森堡等规模较小的邻居也能在经济领域平等参与利益分配、在外交与安全决策领域凭借民主方式发挥作用。人类对安全、文明、平等、民主等需求的追求决定了价值分享与追求经济利益同等重要，而且两者之间可以相互补充，但是不能相互代替。尽管日本在对外宣传上常以西方集团的成员自居，其国内文明程度和民主建设也居亚洲前列。但是，日本的软权力资源优势促进的是自己的发展，而不关心东亚共同体的命运走向。在安全战略选择上，日本与美国长期结盟以周边邻国为防御对象，在对外关系中

---

① 〔日〕谷口诚：《"东亚共同体"和亚洲的价值观》，见王柯主编《东亚共同体与共同文化认知——中日韩三国学者对话》，人民出版社2007年版，第244页。

展现的是对自己经济收益的关切和对历史、政治责任的逃避。它对亚洲邻国尤其曾是二战日本侵略受害国树立的是假和平、反文明、无平等、不民主的形象。所以战后东亚的国际关系以"经热政冷"为特点，而欧洲却是发展了高水平的地区一体化。

但是只有纯粹精神资源的吸引，完全排斥物质资源的吸引，在现实国际关系领域也往往难以产生软权力的吸引。有学者指出，西方价值观之所以能够传播世界，主要是因为它们率先完成了现代化，然后有意识地进行了全球性的推广，这一经验值得汲取。近年来中国不少学者将我国的传统价值观介绍到海外去，但效果不佳，原因是只有经过现代化的提炼，文化价值观才能与人民的生活和政府的行为联系起来，才能真正产生国际影响，简单的介绍至多只能引起少数专家的兴趣。那种认为中国文化源远流长，可以用文化之强来弥补实力之短的观点是不正确的，因为现实状况是中国处于文化弱势，虽然中国历史上出现过强大的文化优势，文化强势需要实力支撑。日本和韩国的文化产业在亚洲和世界上的影响远胜中国，这与经济发展水平和实力相关。中国近年来提出了许多对外战略的新思想，但是被国际社会接受和认同的程度还不够广泛和深刻，这应是今后着力研究的问题。把中国的国家利益与其他国家的利益和全人类的利益相结合，中国的主张就一定能得到更多的响应。① 前人的研究指出了传统中国文化对外影响的弱势现状，强调传统文化必须与现代文明相结合。这在建言献策的实用性上是有道理的，但是在理论依据上还是属于软权力需要硬权力的支撑等理论辨析的范畴之列。约瑟夫·奈教授早期版本的理论也是过于强调文化等无形价值观等单一维度的作用，在涉及软权力理论

---

① 俞新天等：《强大的无形力量：文化对当代国际关系的作用》，上海人民出版社 2007 年版，第 316~321 页。

的实际应用时，便无法自圆其说，只能借用巧权力的概念与理论解决现实问题。既然软权力一涉及应用层面，就要以硬权力为辅助，或借用巧权力的概念才能应用于现实，那么软权力独立存在与研究的价值何在呢？其实，正如经济资源不是满足国家利益的唯一资源一样，文化等价值观也不具有替代物质权力资产的作用。

笔者虽然不主张以文化为核心来看待软权力理论，但是很明显，笔者的研究结论与文化派"软力量"学者的观点具有异曲同工之妙。因为文化派软权力的观点落实到现实决策最终也要"硬实力的支撑"，只不过笔者一开始就主张权力资源的形态差异，不能构成区分软、硬权力的科学标准。笔者认为，提升中国软权力影响的关键，应当将物质性权力资源与非物质性权力资源结合起来，其理论根据并不是"软权力需要硬权力支撑"的翻版，而是人类社会发展既需要物质资源的满足也需要精神价值的滋养。物质性权力资源与非物质性权力资源本身并不代表着硬权力与软权力的区别，所有的权力资源如果用于垄断和独占则往往引发硬权力的对抗，如果用于分享和共同受益，则为软权力关系的建立创造了条件。

第四，要得到软权力期望的结果，权力施动者要积极主动创造条件。

从欧盟扩大案例研究中，得到的应用软权力理论的启示还有，要得到期望的政策结果，权力施动者必须积极主动创造条件，推进吸纳他者策略的成功实施。占有具有吸引力的权力资源，制定含有共同发展的制度和政策，只是必要条件，如果抓不住时机无法有效推进软权力的实施战略，软权力施动者的吸纳作用也无法发挥。前文提到的，瑞士、挪威、冰岛等国家半途退出入盟的实例，就是欧盟的软权力吸引力没有达到吸纳结果的例子。这些富裕的资本主义国家对欧盟的开放性入盟政策保持一定的距离，一方面说明权力资源能够自给自足的国家在外交战略上有更大的回旋余地，另一方面也说明欧盟的软权力吸引有一定的局限性。但是欧盟对于自己能力所及的软权力吸引和吸纳行为，在扩大过程中却是认真对待的。例如塞浦路斯和马耳他的申请入盟，欧盟就展现出来积极、主动和有耐心的态度和策略。

　　塞浦路斯独立以后，其经济主要依赖于英国。随着英国在 20 世纪 70 年代初加入共同体，塞浦路斯也争取到了与欧共体的联系协定。但是由于塞浦路斯国内土耳其裔居民与希腊裔居民的冲突，旨在建立关税同盟的经济项目多次受挫。尽管如此，欧盟对推动塞浦路斯入盟仍然保持耐心和支持。首先，欧洲经济共同体并未冻结它与塞浦路斯签署的联系协定。其次，共同体还对塞浦路斯进行了长期的财政支持。在 1978 年签署的第一阶段财政协议书中，规定 1979 ~ 1983 年，欧洲投资银行给塞浦路斯提供贷款 2000 万，低息贷款 400 万，并从欧洲经济共同体的预算之中拨出 600 万的赠款，这些数额均以欧洲货币单位计算。1984 ~ 1988 年的第二阶段协议，1989 ~ 1993 年的第三阶段财政协议，其支持的力度都大大超过了前期。① 这说明，面对欧盟扩大，即使一个申请小国，也不能消极等待该国的政策走向就是权力施动者所事前期望的结果，是欧盟的苦心经营引导了塞浦路斯最终选择加入欧盟的。这其实是约瑟夫·奈教授所说的，设置议程的手段是软权力实施的一种重要途径，只是他没有联系实际例子进行论证。约瑟夫·奈教授早期的理论认为软权力的实施不需要花钱就能解决实际问题，但是后来他发表的新理论纠正了这一观点。笔者认为这是理论联系现实的必然结果。

　　马耳他在 1970 年就与共同体签订了联系协定，但是却经历了曲折

---

① Allan F. Tatham, *Enlargement of the European Union*, Alphen: Kluwer Law International, 2009, p. 130.

漫长的入盟过程。其主要原因是，马耳他国内有两个主要政党在竞争轮流执政，国民党的政策是积极推进入盟进程，而劳工党却热衷于拖延和阻挠入盟事宜。特别是，劳工党连续 16 年的长期执政，严重阻碍了马耳他入盟的正常进程。然而，共同体和后来的欧盟依然保持了等待和谈判的耐心，对于马耳他入盟所带来的五大障碍（中立与不结盟政策、严苛的贸易限制政策、封闭的货币与财政体系、缺乏竞争性的商业环境、因地少人稀而质疑马耳他履行入盟责任与义务的能力）均不能以单方的加入热情而忽略或降低审查和谈判的标准。①

　　所以说，欧盟吸纳欧洲申请小国入盟的案例，体现了要得到软权力期望的成功结果，权力施动者必须认识到积极主动创造条件的必要性和重要性，也说明软权力施动者战略的实施与落实是一个长期和综合过程。

---

① Allan F. Tatham, *Enlargement of the European Union*, Alphen：Kluwer Law International, 2009, pp. 120 - 122.

参考文献

1. 英文文献

Allan F. Tatham, *Enlargement of the European Union*, Alphen: Kluwer Law International, 2009.

Frank Schimmelfennig and Ulrich Sedelmeier, *The Politics of European Union Enlargement: Theoretical Approaches*, Abingdon: Routledge, 2005.

Georg Sørensen, "The Case for Combining Material Forces and Ideas in the Study of IR", *European Journal of International Relations*, Vol. 14 (1), 2008.

John Redmond, *The 1995 Enlargement of the European Union*, Aldershot: Ashgate, 1997.

Joseph S. Nye, Jr., "Security and Smart Power", *American Behavioral Scientist*, Vol. 51, No. 9, 2008.

Joseph S. Nye, Jr., "Soft Power", *Foreign Policy*, No. 80, 1990.

Joseph S. Nye, Jr., "The Changing Nature of World Power", *Political Science Quarterly*, Vol. 105, No. 2, 1990.

Joseph S. Nye, Jr., *Soft Power: The Means to Success in World Politics*, New York: Public Affairs, 2004.

Neill Nugent, *The Government and Politics of the European Union*, Basingstoke: The Macmillan Press Ltd, 1999.

Neill Nugent, *European Union Enlargement*, Basingstoke：Palgrave Macmillan，2004.

Thomas L. Ilgen ed. ，*Hard Power，Soft Power and the Future of Transat-lantic Relations*，MPG Books Ltd. ，2006.

Wolfram Kaiser and JÜrgen Elvert，*European Union Enlargement：A Comparative History*，Abingdon：Routledge，2004.

2. 外文译著

〔比〕布鲁诺·考彼尔特斯、宋新宁主编《欧洲化与冲突解决：关于欧洲边缘地带的个案研究》，宋晓堃译，法律出版社 2006 年版。

〔俄〕盖达尔：《帝国的消亡：当代俄罗斯的教训》，王尊贤译，社会科学文献出版社 2008 年版。

〔法〕法布里斯·拉哈：《欧洲一体化史（1945 – 2004）》，彭姝祎、陈志瑞译，中国社会科学出版社 2005 年版。

〔法〕帕斯卡尔·拉米：《以欧洲的名义》，苗建敏译，中信出版社 2004 年版。

〔法〕皮埃尔·热尔贝：《欧洲统一的历史与现实》，丁一凡、沈雁南等译，中国社会科学出版社 1989 年版。

〔法〕让·莫内：《欧洲之父——莫内回忆录》，孙慧双译，国际文化出版公司 1989 年版。

〔加〕霍尔斯蒂：《和平与战争：1648 ~ 1989 年的武装冲突与国际秩序》，王浦劬等译，北京大学出版社 2005 年版。

〔加〕罗伯特·杰克逊、〔丹〕乔格·索伦森：《国际关系学理论与方法》，吴勇、宋德星译，天津人民出版社 2008 年版。

〔加〕马修·弗雷泽：《软实力：美国电影、流行乐、电视和快餐的全球统治》，刘满贵等译，新华出版社 2005 年版。

〔美〕约瑟夫·奈：《"软权力"再思索》，《国外社会科学》，蔡玮译，2006 年第 4 期。

〔美〕约瑟夫·奈：《中国软实力的兴起及其对美国的影响》，赵明昊译、王缉思修订，《世界经济与政治》2009 年第 6 期。

〔美〕约瑟夫·奈：《软力量：世界政坛成功之道》，吴晓辉、钱程译，东方出版社 2005 年版。

〔美〕约瑟夫·奈：《硬权力与软权力》，门洪华译，北京大学出版社 2005 年版。

〔乌兹别克斯坦〕古丽娜拉·卡利莫娃：《软实力战略在亚洲文明空间的运用》，徐晓天、尚月译，《现代国际关系》2009 年第 8 期。

〔意〕翁贝尔托·特留尔齐：《从共同市场到单一货币》，张宓、刘儒庭译，对外经济贸易大学出版社 2008 年版。

〔英〕霍恩比：《牛津高阶英汉双解词典》（第 6 版），石孝殊、王玉章、赵翠莲等，商务印书馆 2004 年版。

〔英〕维纳、〔德〕迪兹主编《欧洲一体化理论》，朱立群等译，世界知识出版社 2008 年版。

3. 中文专著

陈乐民：《东欧剧变与欧洲重组》，世界知识出版社 1991 年版。

房石玉：《大国软实力：生产者服务业国际转移的理论与实证研究》，经济科学出版社 2008 年版。

龚铁鹰：《软权力的系统分析》，天津人民出版社 2008 年版。

贵州电视台《论道》栏目组编选《软实力决定竞争力》，漓江出版社 2008 年版。

韩勃、江庆勇：《软实力：中国视角》，人民出版社 2009 年版。

花建：《软权力之争：全球化视野中的文化潮流》，上海社会科学院出版社 2001 年版。

计秋枫、洪邮生、张志尧等：《欧洲的梦想与现实：欧洲统一的历程与前景》，南京大学出版社 2000 年版。

李景治、张小劲等：《政党政治视角下的欧洲一体化》，法律出版社 2003 年版。

梁晓君：《英国欧洲政策之国内成因研究：以撒切尔时期为例》，世界知识出版社 2008 年版。

刘文秀等：《欧洲联盟政策及政策过程研究》，法律出版社 2002 年版。

马庆国、楼阳生等：《区域软实力的理论与实施》，中国社会科学出版社 2007 年版。

马胜利、邝杨主编《欧洲认同研究》，社会科学文献出版社 2008 年版。

孟亮：《大国策：通向大国之路的软实力》，人民日报出版社 2008 年版。

秦亚青主编《观念、制度与政策——欧盟软权力研究》，世界知识出版社 2008 年版。

童世骏、曹卫东主编《老欧洲新欧洲——"9·11"以来欧洲复兴思潮对美英单边主义的批判》，华东师范大学出版社 2004 年版。

王柯主编《东亚共同体与共同文化认知——中日韩三国学者对话》，人民出版社 2007 年版。

吴弦：《欧洲经济圈：形成、发展与前景》，当代世界出版社 2001 年版。

伍贻康、周建平、戴炳然、蒋三铭等：《欧洲经济共同体》，人民出版社 1983 年版。

阎学通：《中国国家利益分析》，天津人民出版社 1996 年版。

杨友孙：《欧盟东扩与制度互动：从一个入盟标准说起》，世界知识出版社 2008 年版。

俞新天等：《强大的无形力量：文化对当代国际关系的作用》，上海人民出版社 2007 年版。

喻国明、焦中栋等：《中国传媒软实力发展报告》，同心出版社 2009 年版。

赵怀普：《英国与欧洲一体化》，世界知识出版社 2004 年版。

郑秉文主编《欧洲发展报告 No. 7（2002 – 2003）》，社会科学文献出版社 2003 年版。

周弘、〔德〕贝娅特·科勒 – 科赫主编《欧盟治理模式》，社会科学文献出版社 2008 年版。

周弘主编《欧盟是怎样的力量——兼论欧洲一体化对世界多极化的影响》，社会科学文献出版社 2008 年版。

朱晓中：《中东欧与欧洲一体化》，社会科学文献出版社 2002 年版。

丁学良：《中国的软实力和周边国家》，东方出版社 2014 年版。

4. 中文期刊

方长平：《中美软实力比较及其对中国的启示》，《世界经济与政治》2007 年第 7 期。

郭洁敏：《当前我国软力量研究中若干难点问题及其思考》，《社会科学》2009 年第 2 期。

李滨：《国际政治经济学的葛兰西学派》，《欧洲》2000 年第 1 期。

李少军：《国际关系理论与现实》，《世界经济与政治》2004 年第 2 期。

李智：《软实力的实现与中国对外传播战略——兼与阎学通先生商榷》，《现代国际关系》2008 年第 7 期。

刘德斌：《"软权力"说的由来与发展》，《吉林大学社会科学学报》2004 年第 4 期。

刘庆、王利涛：《近年国内软力量理论研究综述》，《国际论坛》

2007 年第 3 期。

时宏远：《软实力与印度的崛起》，《国际问题研究》2009 年第 3 期。

唐彦林：《奥巴马政府"巧实力"外交政策评析》，《当代亚太》2010 年第 1 期。

王利涛：《软力量概念再辨析》，《阿坝师范高等专科学校学报》2009 年第 4 期。

王铁军：《新葛兰西主义对国际关系理论的创新》，《欧洲》2000 年第 1 期。

伍贻康：《欧盟软力量探析——欧盟治理模式的效应评价》，《世界经济与政治》2008 年第 7 期。

阎学通、徐进：《中美软实力比较》，《现代国际关系》2008 年第 1 期。

张小明：《约瑟夫·奈的"软权力"思想分析》，《美国研究》2005 年第 1 期。

张晓慧：《"软实力"论》，《国际资料信息》2004 年第 3 期。

郑永年、张弛：《国际政治中的软力量以及对中国软力量的观察》，《世界经济与政治》2007 年第 7 期。

中国社会科学院欧洲研究所课题组：《中国公众对欧盟及中欧关系看法的调查与初步分析》，《欧洲研究》2008 年第 2 期。

周琪等：《约瑟夫·奈的软权力理论及其启示》，《世界经济与政治》2010 年第 4 期。

5. 网络资料来源

Joseph S. Nye, Jr., "Think Again: Soft Power", http://www.for-eignpolicy.com/articles/2006/02/22/think_again_soft_power? print = yes& hidecomments = yes&page = full, last accessed on 31 August 2010.

后　记

　　一位研究欧盟的学长曾经感叹，中国古代的知识分子主要追求传世价值，即愿意生前平凡而死后长期被人们所赞颂，但是物质化时代的冲击，令世人抛弃传世价值而追求当世价值，即愿意当世获得名利而死后立即被人忘记，当今知识分子也未能免此风气。[①] 在这样的大环境中，我在中国社会科学院研究生院度过了 6 年的读书时间。尽管由于物质的贫困我对读书的最终前途也曾感到迷茫，但是在硕博连读的大部分时间里，我还是保持了快乐和平静的心态。正如国家对利益的追求就包括物质与非物质的内容一样，我也很看重精神世界的满足与丰富。本项目的原始基础就来源于我的博士论文。

　　虽然当时的博士论文几易其稿，但是对于某些深层次的理论难题，我自己也难免落入人云亦云的窠臼。从参加教学科研工作这几年的反思看，国内大多数高校的教育内容主要还是理论培养，具体领域知识的积累很大程度上依赖于专业的研究机构。参加工作之后温饱问题不再担心，学生时代的孤独和忧虑不再困扰。但是，在地方高校搞国际问题研究的学术环境与外文资料支持又成为新的瓶颈。尽管本项目立志要实现理论研究与实际问题分析的紧密结合，但是完成书稿之后仍

[①] 杨友孙：《欧盟东扩与制度互动：从一个入盟标准说起》，世界知识出版社 2008 年版，第 276 页。

然有心有余而力不足的遗憾。关于软权力理论，由于专攻多年，独到的思考与见解还是有收获的。但是对于欧盟扩大在资料收集和综合解读方面仍感到功力尚浅，只是比原来的浅陋认识有所进步而已。欧洲学者对于欧盟扩大的研究，集体创作的多，针对每一次扩大的著作多，单个作者针对所有扩大研究的很少。而国内学者对于欧盟扩大的原创性研究就更少了。难怪有前辈学者指出，欧洲研究是国际问题研究难度最大的领域之一；在国际政治学界一直存在搞理论的不大联系现实，进行现实问题分析的又很少应用理论的现象。写完本书后的体悟是，理论与实际相结合的项目不仅要求作者在理论研究方面有一定的造诣，而且要精通某领域的具体问题。不是学术界不想这样做，而是这种要求更高、难度更大的项目，所要求的时间、精力和财力成本过高，除此之外还要冒结果未知的质量风险。但是在条件允许的情况下，我也非常愿意将已有的学术项目做得更加扎实，努力向更高的境界迈进。由于水平有限，本书中出现的错误与疏漏均由本人承担。

在本书写作完成之际，我要感谢贵州省哲学社会科学规划办公室对本项目的大力支持。感谢贵州师范学院经济与政治学院程艳萍院长、周永杰书记对我的关心和指导，感谢贵州师范学院科研处对我校科研工作的一贯重视，感谢多年以来对我关心和帮助的所有同事和朋友！社会科学文献出版社的史晓琳博士对本书的出版提供了雪中送炭的宝贵支持，高雁女士对本书的文字校对和编辑付出了辛勤的劳动，作为中国社会科学院的毕业生，我对你们的辛勤付出不仅衷心感谢，而且此次的愉快合作也会成为日后感动我心灵的美好回忆。

我还要特别感谢我的博士生导师——吴弦研究员，他不仅对我在校期间的学习、论文写作给予真诚指导，而且对我毕业后在西南一隅的实际生活给予了长久的关心和帮助。只因自己天生愚钝，加之后天勤勉不足，对于吴老师所希望的做学术的理想水平，在近期内都没有完全达到这样的期望。但是我愿意继续努力，在科研方面争取取得更好的成果。最后，我要感谢我的妻子胡玲霞女士，对我牺牲无数节假日伏案工作的长期理解和支持。此书的完成出版，我也要告慰已在天堂的奶奶，在远离故乡的无数的夜晚，在历经多少绝望和不幸的时刻，是奶奶的教诲和陪伴的记忆，让我相信这个世界还有不求回报的爱，还有值得追求的幸福和平凡。

屈潇影

2016 年 5 月于贵州贵阳

图书在版编目（CIP）数据

软权力与欧盟扩大研究／屈潇影著. -- 北京：社
会科学文献出版社，2016.8
ISBN 978 - 7 - 5097 - 9536 - 1

Ⅰ.①软…　Ⅱ.①屈…　Ⅲ.①欧洲国家联盟 - 发展 -
研究　Ⅳ.①D814.1

中国版本图书馆 CIP 数据核字（2016）第 183628 号

软权力与欧盟扩大研究

著　　者／屈潇影

出 版 人／谢寿光
项目统筹／高　雁
责任编辑／高　雁　梁　雁

出　　版／社会科学文献出版社·经济与管理出版分社（010）59367226
　　　　　　地址：北京市北三环中路甲 29 号院华龙大厦　邮编：100029
　　　　　　网址：www. ssap. com. cn
发　　行／市场营销中心（010）59367081　59367018
印　　装／三河市东方印刷有限公司

规　　格／开　本：787mm × 1092mm　1/16
　　　　　　印　张：11.75　字　数：152 千字
版　　次／2016 年 8 月第 1 版　2016 年 8 月第 1 次印刷
书　　号／ISBN 978 - 7 - 5097 - 9536 - 1
定　　价／69.00 元